让孩子放下手机

申 博 楚新强◎著

北京日报出版社

图书在版编目（CIP）数据

让孩子放下手机 / 申博 , 楚新强著 . –– 北京 : 北
京日报出版社 , 2023.1
ISBN 978-7-5477-4412-3

Ⅰ . ①让… Ⅱ . ①申… ②楚… Ⅲ . ①学习兴趣—家
庭教育 Ⅳ . ① G782 ② G442

中国版本图书馆 CIP 数据核字（2022）第 192575 号

让孩子放下手机

出版发行：北京日报出版社

地　　址：北京市东城区东单三条 8–16 号东方广场东配楼四层

邮　　编：100005

电　　话：发行部：（010）65255876

　　　　　总编室：（010）65252135

印　　刷：香河县宏润印刷有限公司

经　　销：各地新华书店

版　　次：2023 年 1 月第 1 版

　　　　　2023 年 1 月第 1 次印刷

开　　本：710 毫米 × 1000 毫米　1/16

印　　张：14

字　　数：190 千字

定　　价：58.00 元

前 言

现代人怎么了？

"低头族"越来越多。别说吃饭、聚会，就连走路、开车，手机都不离手。对很多现代人来说，手机成了身体的延伸，人们睡醒的第一件事就是找手机，睡前最后一件事也是看手机，手机一旦丢了或忘在了家里，就会坐立不安，甚至失魂落魄、难以自控。

中国互联网络信息中心发布的《第50次中国互联网络发展状况统计报告》显示，截至 2022 年 6 月，我国手机网民规模达 10.47 亿，人均每周上网时长为 29.5 个小时。

疫情之下，上网的人越来越多，连中小学生都成了网民，当然上网的时间就更长了。

2019 年，《人民日报·海外版》刊登过这样一篇文章——《人不能被手机绑架了》。文中分析：

手机确实给人们带来了诸多便利，手指轻轻一点，"衣食住行用"都能解决。然而，手机上瘾带来的危害不容小觑。首当其冲会影响人们的身心健康。……长时间使用手机也会引发很多健康问题，比如手指抽筋、手指关节僵硬、颈椎腰椎问题、视力问题等。有研究报告还指出，长时间使用手机，

1

可严重影响睡眠及情绪。

手机上瘾还会破坏人际沟通。手机交流迅捷,现在的人愿意花时间和精力见面沟通,本就很难得。然而,见面却没有热情的寒暄、深入的交流,反而各自低头刷手机,着实尴尬。一家人一起吃饭,埋头玩手机;老同学聚会,低头刷手机;老师在讲台上讲课,放眼望去全是"低头族"。手机上瘾,已成为人际关系疏离的一种表现。

…………

这篇文章仿佛画出了手机众生相,你我他,每个人似乎都不能幸免。

当然了,成年人使用手机,并不仅仅是玩,有时也有工作的需要;未成年人使用手机,也不仅仅是玩游戏,也有学习的需要。然而,抛开这些,大部分"低头族"并不是出于工作和学习的需要,而是刷短视频、玩游戏,或者看一些无聊的网络小说。这一点,从身边的诸多事例中我们就可以看到,根本不需要调查,尤其是未成年人,更是成为手机"奴役"的重灾区。

想想十几年前,孩子想要接触游戏,都必须通过电脑,如果家里没有电脑,或者父母管得比较严,想玩游戏的孩子,就只能偷偷去网吧。而且,这种现象大多发生在城市,农村的孩子则很少有这个条件。

可仅仅过了十几年,随着智能手机的普及,农村的孩子沉迷于网络游戏的情况,与城市的孩子相比,已经是有过之而无不及了。之所以这样,是因为农村的孩子大部分是留守儿童,由于父母不在身边,再加上教育资源相对缺乏,也没有相应的运动和娱乐场所,所以手机便成为他们唯一可以慰藉心灵和解压的方式。

在我们接待的咨询案例中,被手机毁掉的孩子真是太多了。比如,很多孩子在小学阶段成绩优异,但疫情期间,由于在家上网课,结果迷上手机,甚至沉陷其中无法自拔,成绩也从班级的前十名下滑到后十名。上初中后,寒假作业也不愿意写,有的甚至连看都不看。父母无奈,只有强行没收手机，于是矛盾激化，孩子离家出走……

那么，如何让孩子放下手机呢？

其实，作为父母，如果仅仅把目光盯在手机上，只是简单粗暴地干涉孩子使用手机，实际上是"头痛医头，脚痛医脚"的做法，只能治标，不能治本。要想治本，就必须先了解孩子为什么会沉迷于手机，比如孩子到底是用手机玩游戏，还是看小说，或者是刷短视频。当然，更为重要的，是从手机之外寻找原因，看看孩子到底缺失了什么，到底需要什么，包括平时是否有父母的陪伴、家庭环境如何，等等，也就是要把重点放在整个家庭教育上。因为一部手机所映现出来的问题，基本就是家庭教育的问题。所以，当孩子不听从我们的劝告，不愿意放下手机时，作为父母，我们不妨问问自己：

孩子从小是我亲自带大的吗？

我平常有时间陪伴孩子吗？

我能与孩子正常交流吗？

孩子有没有兴趣爱好？

孩子学习状况如何？

孩子和同学关系如何？

孩子心理状况如何？

孩子有自己的人生目标吗？

孩子有没有自己的榜样？

…………

上面的这些问题，如果你的答案都是肯定的，那么孩子即使一时沉迷于手机，也不用太担心，因为孩子一切表现良好，没有受到手机的负面影响，当然你也会找到合适的解决办法。如果你的答案大都是否定的，那么对于孩子沉迷于手机这件事，即使你采取围追堵截的办法，也无济于事，只会加剧亲子之间的矛盾、冲突，最终导致亲子关系破裂。这时，只有从根源入手，才有可能让孩子放下手机，健康地生活、学习。

我和我的爱人从事心理咨询工作十几年，看到了太多亲子冲突的案例，孩子从优秀生变为后进生，从不想学习到放弃学习，甚至在冲突下，由于情绪激动而做出极端行为。我们在授课的过程中，也了解到很多家长因为孩子玩手机成瘾而产生的无奈、痛苦、挣扎，乃至绝望。

如何能更大范围地帮助到更多家长，让家长们真正理解孩子，重新定位孩子与手机的关系，帮助孩子学会管理手机、善用手机，摆脱手机成瘾，真正成为手机的主人而不是奴隶，是我们写作本书的目的。

家庭教育是孩子成长的核心，家庭是孩子的第一所学校，父母是孩子的第一任老师。在本书中，我们将从最根本的家庭教育入手，让父母暂时把目光从孩子手里的手机上移开，然后采取围魏救赵的办法，对家庭教育中普遍存在的问题进行深入的探讨，并找出比较靠谱的解决方案。只要我们把这些问题都解决了，那么孩子沉迷于手机这个顽疾，便会不治而愈，而且永不复发。

如果读者朋友想同作者进一步交流心得，可通过邮箱 2656987385@qq.com 或 1278595153@qq.com 联系。

目 录

1

第三章　一项成功能孕育更多的成功

第四章　培养情商，提升抗压能力

第五章　让孩子爱上学习，让手机成为工具

第六章　为孩子树立起榜样

第七章 要玩，就尽情地玩吧

第八章 读书，可以抵挡一切诱惑

第九章　好习惯是孩子最大的财富

第十章　成长是一件不容易的事

第一章
手机，想说爱你不容易

导读：自我控制

实际上很多孩子都很清楚，痴迷手机对自己身心所造成的危害很大，但却仍然甘愿沉迷其中。而之所以会这样，是孩子没有自控力导致的。由于孩子的大脑和中枢神经系统发育不成熟，对于引发精神愉悦的事物很容易就会沉迷，如果家长对孩子关注不够，没有及时发现和引导，孩子已经对某一事物产生过分依赖，并且成为精神的依托，就会越陷越深，最终无法自拔。所以，要想让孩子管理好手机，必须从培养孩子的自控力开始。

自控力，即自我控制的能力，指一个人控制自身冲动、感情、欲望的能力。它是能否支配自我的一种能力，即你能否支配自己成功或者失败，你能否支配你的人际关系，你能否支配你的人生走向。[①]

美国斯坦福大学凯利·麦格尼格尔研究认为，自控力比智商更能影响孩子未来的成功。缺乏自控力，就无法形成良好的行为习惯，如果严重的话，还会因为抵挡不住外界的诱惑而走上犯罪道路。而自我控制的能力，是可以通过调节自我的心态、增强自我的意志力来提高的。

20世纪60年代，美国斯坦福大学米歇尔教授做了一个棉花糖实验，实验的对象是3~4岁的小朋友。米歇尔教授让这些孩子各自单独留在屋子里面，并给他们每人一块棉花糖，同时告诉孩子，大人要离开屋子半个小时，在这半个小时之内，如果谁没有把那块棉花糖吃掉，那么等大人回来之后，

[①] [美]凯利·麦格尼格尔 著；王岑卉 译.自控力：斯坦福大学广受欢迎的心理学课程.北京：北京联合出版公司.2021.

还会再给他一块棉花糖。也就是说，在半个小时之内，如果孩子忍不住诱惑，把那块棉花糖给吃掉了，那他就只能得到自己已经吃掉的那块棉花糖；而如果他能够控制住自己，坚持在半个小时之内不去吃那块棉花糖，那么他就可以得到两块棉花糖。按理说，这么简单的道理，孩子们应该会选择后者，因为只需要在半个小时之内不吃那块棉花糖，就可以再获得一块棉花糖了。然而，结果让人感到意外，很多孩子都没能经受住这个考验，在半个小时之内就把那块棉花糖给吃掉了。后来，米歇尔教授又进行了跟踪调查，结果发现，那些在半个小时之内把棉花糖吃掉的孩子，他们长大以后的表现，大都很平庸；而那些有自控能力的孩子，他们长大之后，大都获得了很大的成功。

可见，自控能力对一个人的影响实在是太大了，甚至可以说是平庸与卓越的分水岭。而要培养孩子的自控能力，父母首先要懂得自我控制。我们可以试想一下，如果父母每天吃完饭之后，就往沙发上一躺，然后开始刷手机，这样的父母，是不可能培养出有自控能力的孩子的，因为孩子永远是父母的一面镜子。不管你承认不承认，这都是事实。

那怎么办呢？其实很简单，父母在做任何一件事之前，都应该先想一下，这件事该不该做，而不是只想着自己喜欢不喜欢。因为该不该做，是一种理性的思考；而喜欢不喜欢做，则只是一种感觉。从心理学的角度来讲，人类的感觉是很迟钝的，甚至是颠倒的。所谓的"跟着感觉走"，很多时候会变成跟着错误走，或者是跟着贪念走，跟着欲望走。

所以，下次当你闲下来，又习惯性地拿起手机时，不妨先问一下自己："这个时候我该拿起手机吗？"如果不该，那就果断放下吧！经过几次这样的坚持之后，相信你的自控能力就会逐渐培养起来！而只要父母懂得自我控制，再培养孩子的自控能力，也就容易多了。

放下手机到底有多难

如今，一部智能手机在手，几乎可以满足一切要求，可以说"一机在手，要啥都有"。各种信息扑面而来，各种机会一网打不尽，各种新功能分分钟诞生。所以，如果能够合理地使用手机，不但能够紧跟时代的发展潮流，甚至可以创造财富。但是，如果使用不合理，就会在网络中迷失了方向。当我们抬头看看身边的人时，不管是家人、同事、朋友，还是正在上学的孩子，我们就不难发现，越来越多的人，已经被手机所"绑架"，沦为"屏奴"。不管是在地铁上、公交车上，还是在马路边，拿着手机、平板电脑低头专注刷屏、玩游戏的人，几乎随处可见。

可以说，手机给我们带来的负面影响已经无处不在，小到影响做事的专注力，大到断送自己的前程。其中的案例，也可谓比比皆是，不胜枚举。

2020 年暑假期间，四川绵阳的一个中学生，自从放假后，每天在家里什么事也不做，只知道玩手机。父母看不下去，便批评了他几句。然而，他不但没有听进父母的批评，反而走向极端，给父母留下一条"爸妈，永别了"的短信，便来到江边跳江自杀。幸亏被附近的警察和路人及时发现，才避免了一场悲剧。

2022 年 1 月 7 日，网上出现了这样一条信息：

在东莞，有一个云南的大学生，没日没夜地玩手机游戏，一天只吃一个面包或者一桶泡面，外加一瓶水。他身上的衣服、头发更是脏得出味道了。

他的眼睛几乎已经贴在了手机上，背部明显驼了。他在专心玩游戏的时候，根本不在乎旁边有没有人围观……

东莞厚街爱心服务队得知消息后，问了两天才问出他家人的信息，然后成功联系上了他的家人，希望他回到云南之后，远离一切手机游戏。

十几年前，我也玩过游戏，当时也是经常一玩就是一个通宵，最后成为"全区第一战士"。但是，后来想想，那些名头有什么用呢？

真的只是在浪费时间啊！

从这条信息中，我们看到一个曾经沉迷于手机游戏的人，对另一个正沉迷于手机游戏之人的理解。同时我们也能感受到，在这份理解的背后，是深深的无奈。

可以说，一部小小的手机，却能包藏宇宙，里面的世界远比现实深邃、酷炫，而那些没有自控力的人，一旦陷进去就不容易抽离。然而，人类的生存环境毕竟不是VR（虚拟现实），虚拟必须依托现实才能实现价值，而且虚拟世界也不是现实世界的镜子，在虚拟世界中所获得的快感，在现实世界中也都会化为乌有。

或许你会以一些网红的成功来举例，以此来强调虚拟世界的成功同样可以影响现实世界。然而，对于网红来说，手机只是平台，是连接自己与另一端粉丝的工具，而网红在现实生活中，所面对的也是现实之人和现实之事。更何况，想成为网红的人成千上万，而真正为大众所熟知的，也就那么几个，而大多数人最终都只能成为"陪跑者"。所以，我们千万不要拿特例当普遍现象来看待——就像看到企业家中有几个小学文化的人，或者在送外卖的队伍中有几个大学生，便唱起了"读书无用论"的调子。

　　当然，我们之所以说到网红，是因为很多孩子受到流量经济的影响，尚未懂得存世之本，尚未学会立身之能，便幻想靠一部手机成为网红。而这一点，也是值得父母警惕的。我们要明确地告诉孩子，手机绝对不是打开人生成功之路的钥匙，相反却是关闭人生更多道路的闸门——越沉迷于手机，离自己真正的目标就会越远。

　　那么，放下手机到底有多难呢？对于这一点，我实际上也有一次很深刻的体会。

　　有一天早上出门上班时，由于担心会迟到，所以走得比较急，所谓忙中出错——我竟然忘带手机了，而且走到半路才想起来。那一刻，我一下子就慌了——没有手机，我这一天可怎么过呀！首先是上下班没有办法打卡，这样我上了一天班后，公司会不会因为我没有打卡而按旷工算？其次是没有办法登录微信，如果客户有要事找我怎么办？再次是如果我所持有的股票大涨，我却没及时卖掉，会不会急死？……然而，我所担心的这些，在当天都没有发生。相反，因为当天没有微信等信息的骚扰，我工作起来更专注，效率也更高。等到下班时，我竟然感觉到一种从未有过的轻松与愉悦。

　　也就是从那天起，我尽量做到无事不碰手机，有事也尽量不依赖手机。渐渐地，我发现，摆脱了对手机的依赖，我反倒更轻松、更自然、更专注。

　　所以，放下手机，真的没有想象中的那么难，一旦看透，你就会发现——手机只是我们的工具，我们没有必要成为它的奴隶。

手机瘾是一种"传染病"

　　邻居家儿子，5岁，幼儿园中班，已经开始迷恋手机了。只要给他一部手机，一两个小时之内，他都不会打扰大人，甚至别人叫他，他也听不见，当然更不可能回应。但是，有一个现象，就是当孩子的妈妈到外地去出差，只有爸爸在家里带孩子的时候，孩子几乎是不碰手机的。看书、自己玩玩具，也会和爸爸一起运动。

聊起孩子的这种现象，我问孩子的爸爸："你和他妈妈带孩子有什么不同吗？"

孩子的爸爸说："他妈妈是做旅游的，回到家还有很多工作要用手机处理，怕孩子耽误事儿，就拿个平板哄孩子。我呢，爱看书，也爱运动。他妈妈在家，孩子不爱跟我，他妈妈不在家的话，孩子跟着我，有很多可以玩的，对手机的依赖也会减少。问题是，我陪孩子的时间少，他妈妈又没办法在家放下手机，这种情况下怎么才能不让孩子染上手机瘾呢？"

由此可以看到，孩子之所以迷上手机，就是妈妈给"传染"的，孩子正是学习能力、模仿能力很强的年纪，有样学样，并且，因为在其中获得了新信息、愉悦感，而使这一学习、自我娱乐的方式可能会被保留下来成为"瘾"，而一旦妈妈到外地出差，模仿的对象成为爸爸，爸爸的行为模式会对孩子形成另一种影响。

如何扩大爸爸的影响力，减少妈妈的"传染"，阻断孩子成瘾，是这个家庭需要讨论的议题。我向孩子爸爸建议："你可以跟你的爱人探讨：第一，如何把工作和家庭生活分开。做到一旦回家，就抽出时间来多陪陪孩子，至少尽量不要碰手机。第二，夫妻分工合作，不能只在妈妈出差时爸爸才发挥影响力，要让孩子体验到父母陪伴的乐趣，减少对手机的依赖。任何事业的成功，都弥补不了教育孩子的失败，做孩子的榜样，也是父母最大的事业。"

几周后，我在楼下看到邻居夫妻正在陪儿子学滑板，孩子的笑脸充满感染力。孩子的爸爸介绍说，妻子现在宁可加班晚回家，也不把工作带回家了，到家就与孩子一起做家务、读书、玩乐高，现在又买了滑板，孩子兴致高得很。孩子妈妈很少在家里看手机了，而且每个周末还带孩子去图书馆看书，并给孩子办了借书卡，每次都会借很多书回来，孩子乐在其中，至于手机，早就没有兴趣了！

从这个案例中，我们可以看出，没有哪个孩子天生就有手机瘾，而是后天被身边的人给传染的。如果要溯源的话，家长基本上难辞其咎。所以，只要家长能够做到以身作则，那么对于孩子的"屏幕上瘾"，就不可能没有办法。即使孩子看手机是出于学习的需要，家长也可以想办法减少孩子的"读屏时间"，让孩子不仅能够对诱惑说"不"，而且还知道如何利用手机更好地学习和生活。

其实，在最开始的时候，真的没有哪个孩子拿着手机就不愿意放下，相反，倒是孩子希望父母能够放下手机。

作为父母，如果我们想要治愈孩子的手机瘾，那就千万不要做一个"传染者"，将这些"病毒"传染给孩子。而要做到这些，就需要我们在日常的生活中，克服掉电视瘾、手机瘾、电脑瘾、游戏瘾等不良习惯。某卫视的节目中，学生责问父母"手机是你们的孩子吗？你可以放下手机看看我吗？"打动了千万父母的心，父母不做"低头族"，孩子才会仰望星空。仰望星空的孩子，自然会放下手机，徜徉于追求理想的旅程中。

陪伴是最好的教育

随着智能手机的普及，以及各类电子游戏的层出不穷，不管是城市还是农村，不管是成年人还是未成年人，越来越多的人沉迷其中，无法自拔。只要我们稍微观察，就会发现，在这些沉迷于手机游戏的人中，如果是成年人，要么他没有工作，要么就是他的工作比较清闲；如果是孩子，要么他的学习成绩不太好，要么就是他的父母没有时间陪伴他。

从 2019 年 9 月开始，北京安定医院副主任医师盛利霞已经接诊了很多"网瘾少年"。

这一天，又有一对父母带着已经 16 岁的儿子找到盛利霞。男孩名叫小强，长得又高又瘦，看起来很白净，戴着一副金丝边框的眼镜，头发收拾得很利索。他安静地坐在诊室里，一声不吭。站在一旁的父母眉头紧锁，神色不安。

"孩子，你怎么了？"盛利霞先问小强，但小强只是低着头，并没有回答。

"那你们说说吧！"盛利霞于是转向小强父母，"孩子到底怎么了？"

小强的妈妈告诉盛利霞："他今年刚上高一，但不喜欢学习，整天就知道玩手机游戏，而且脾气越来越坏，我和他爸爸都管不了他了。"

坐在一旁的小强，听了妈妈这些话后，仍然保持着固定的坐姿，不抬头，也不回应。

盛利霞于是让父母先出去，然后轻声问小强："孩子，你玩什么游戏啊？"

"王者。"小强虽然还低着头，但还是开口了。

"玩得好吗？"

"还行。"小强开始一点儿一点儿打开话匣子。

"你现在学习压力大吗？一周休息几天？"

"一个月大概休一天半吧！平时都是每天早上 5 点起床，一直学到晚上 10 点半。"

"那你现在每天玩游戏多长时间啊？"

"现在玩得少了，感觉也没什么意思。"

"我听说有很多学生在食堂排队打饭时，还在抱着书高声朗读，是真的吗？"

"嗯，说的就是我们学校。"说这句话时，小强第一次主动抬起头来，看着盛利霞。

"好了，把你爸妈叫进来吧！"

盛利霞给小强安排了相关的测试，并根据测试结果，判断孩子有情绪问题，开了治疗情绪问题的药物，并叮嘱小强的爸爸："别再找借口说忙了，平时多跟孩子说说话吧！不是问他上没上课、吃没吃饭、衣服穿得够不够，而是要尝试去了解他在想什么。这几天，你还是先把工作放一放，带着孩子出去玩一玩，陪他散散心吧！"[①]

从这个案例中，我们不难发现，小强的情况，正如我们前面所说的那样，由于得不到父母的关心和陪伴，再加上高强度的学习压力，才使小强沉迷于手机游戏，并导致情绪出了问题。而在健康的家庭当中，由于家庭氛围比较融洽，所以孩子一旦有什么压力和心事，也乐于向父母倾诉，而不是将自己一个人关在小房间里玩手机。

几年前，媒体曾经报道过这样一件事情：在某位歌星的一次歌迷见面会上，一个中学生模样的小姑娘走上台来，对自己的偶像说："今天，我爸爸住院了，但我没去医院看他，而是选择来这里看你！"

一边是给了自己生命，养育自己十几年，并供自己上学读书的父亲，一边是和自己毫无关系的歌星，而女孩子却在父亲住院的时候，选择了去看歌星。看了这则报道之后，我们在指责那个女孩子没有孝心、缺乏亲情的同时，是不是还有一个问题需要思考，当父亲当成这样，难道不也是一种失败吗？

---

① 孙毅 . "网瘾少年"多是父母的原因造成的 . 中国经济网 .2021-04-01.

其实，如果追溯中国的家庭教育史，我们就不难了解到，对有家庭教育传统的中国来说，自古以来就重视父亲在教育子女方面的地位和作用。所谓"养不教，父之过"，就强调了父亲在教育子女方面担当的责任。而在古代传统的家庭教育中，就有许许多多的典范值得我们学习，比如《颜氏家训》《曾国藩家书》《治家格言》等，均强调了父亲在家庭教育方面的主导地位。

然而，进入现代社会之后，由于大多数父母都忙于工作，而养育孩子的责任则让爷爷奶奶来承担。这样一来，父母与孩子在一起的时间就会非常少，与孩子的沟通则几乎没有，所以父母在孩子的心目中没有位置，也就是很正常的事了。

其实，父母在孩子心中的地位，并不在于能够赚多少钱，也不在于能够给孩子提供多么优越的物质条件，而是取决于他们是否愿意付出时间参与孩子的成长。

"缺爱"是孩子迷失的主因

2019 年 4 月 18 日，北京大学心理与认知科学学院发布《"95 后"手机使用心理与行为白皮书》。白皮书显示，"95 后"每天使用手机的时长为 8.33 小时，其中社交用时最长，接近 2 小时。

让人感到忧虑的是，"95 后"这个群体，已经陆续成为父母。而这些平均每天使用手机时长达到 8.33 小时的家长们，他们能有多少时间来陪伴自己的孩子呢？这是不得不让人感到担忧的。

或许这些"95 后"在成长的过程中，也是一个"缺爱"的群体，所以他们习惯性地把自己的"爱"奉献给了手机；而他们的孩子，能否得到他们的爱，则取决于他们能不能及时醒悟过来。否则，这种恶性循环，就会一直延续下去。

下面，我们就来具体分析一下，"缺爱"的孩子到底有哪些"症状"。

1. 从小缺爱的孩子，缺乏安全感

这是"缺爱"孩子的共性。没有安全感的孩子，很容易走向两个极端：一种是自尊心极强，性格强势，容易受到情绪控制，而且脾气暴躁；另一种情况是自卑、自闭、心理抑郁。

2. 从小缺爱的孩子，总感觉事事不公

"缺爱"的孩子非常在意别人对自己的看法。当发现别人好像对自己不太在意时，就会认为别人不喜欢自己，或者凡事针对自己，因此觉得事事不公。这样的孩子长大后会非常在意所谓的"公平"，做任何事都会刻意强调公平，一旦觉得自己遭遇到不公平待遇，就会恼怒、消极，失去继续竞争的勇气。

3. 从小缺爱的孩子，人际关系比较紧张

"缺爱"的孩子，之所以人际关系比较紧张，是因为他们不懂得主动关心别人，更不会主动交朋友，甚至在面对他人的关心与示好时，也不懂得如何回应。这样的孩子，自然很难将自己融入任何一个团体中。而在凡事都讲究团队协作的今天，没有团体意识的孩子，也就很难取得大的成就。

相反，那些精神独立、人格健全、积极向上的孩子，基本上从小都得到父母满满的爱。可以说，父母给孩子多少爱，孩子人生的舞台就有多大。

1. 父母足够的爱，可以让孩子变得更有底气

当一个孩子觉得，无论何时何地，父母的爱从未离开过自己时，那么孩子无论做什么事情，都会底气十足。在与人交往的过程中，更是不卑不亢，在坚持独立思考的同时，也会处处替别人着想。所以，当他站在人群中时，永远都会散发出让人温暖的光芒。

2. 父母足够的爱，可以让孩子更有安全感

如果孩子从小得到父母足够的爱，那么孩子就不会缺乏安全感，而且充

满自信。而自信的孩子，不管走到哪里，都会阳光灿烂。这样的孩子，自然能够在人生的路上走得更远。

3. 父母足够的爱，可以让孩子拥有更宽的眼界与更大的格局

当孩子得到父母足够的爱时，孩子就会拥有更宽的眼界与更大的格局。因为心中充满爱的孩子，在看待任何问题的时候，都不会执着于某个点，而是从全局来考虑问题。当一个孩子能够从全局的角度来看待问题时，他的眼界就会不断开拓，他的格局就会不断提升。这样的孩子，在日后做人与处事的过程当中，就能够趋向圆融。

总之，孩子健全的人格与优秀的品质，都是被父母爱出来的。当然，我们所说的爱，不仅仅是给孩子提供优越的生活环境与富足的物质条件，更应该是用心的陪伴。因为只有用心的陪伴，才能够听得懂孩子的心声，才能够正确引导孩子不被外物所迷。

当我们在批评孩子因为手机而荒废学业，或者因为玩手机游戏而颓废，对工作没有上进心时，其实更应该批评的，是父母的不负责任，还有父母爱意的缺失。所以，我们做父母的，一定要多加爱护自己的孩子，要知道孩子大部分的优秀和独立，实际上都是被爱出来的。

你就是孩子最好的"手机"

10多年前，美国的儿童教育作家金伯莉·布雷恩出版了一本书——《你就是孩子最好的玩具》。这本书的中文版发行之后，便迅速登上畅销榜，可见受中国家长的欢迎程度之高。这本书的简介这样写到："你是否知道，你本人（没错，就是你！）比任何玩具都更让孩子喜欢和着迷呢？孩子们并不

需要智力玩具或者电视节目，他们需要的是你！他们真正看重的是和你在一起的快乐时光，他们需要被重视，需要和父母单独相处而不被打扰的时间，需要和父母建立一生的亲密关系……"

确实是这样，在 10 年前，孩子最喜欢的，无非就是玩具、电视、动画片等这些好玩的东西，但在孩子的内心深处，父母的用心陪伴，要远胜于这些外在的东西。今天，尽管孩子在这些玩具之外，又迷上了手机，但孩子的内心，仍然没有任何的变化——父母的陪伴，要远胜于手机的陪伴。所以，你实际上就是孩子最好的"手机"，只要有你的陪伴，孩子对手机完全可以视而不见。关键的问题只在于——你愿意抽出时间来陪伴孩子吗？

曾有记者随机采访了一些家长："您的孩子放假在家时，主要娱乐活动是什么？"在接受访问的 20 多位宝妈中，虽然年龄段不同、职业不同、教育观念也不同，但她们的回答，却是惊人一致——"玩手机。"

当然，对于"如何让孩子放下手机"这个问题，很多家长被弄得焦头烂额，也有家长深感无奈。一部分家长认为，现在的孩子根本不可能离开手机，因为孩子的一些作业也需要通过手机或者电脑来完成，所以让孩子彻底放下手机，根本不可能；另一部分家长则认为，只要给孩子一部手机，自己就能轻松两三个小时，因为孩子只要玩上手机，就不会打扰父母了。

这些话，虽然说出了很多家长的心声，但也暴露了家长们存在的问题。说是心声，是因为现在的家长们面对各方压力，已经身心俱疲，所以希望平常休息的时候，能够好好放松，不要被琐事所烦，进而影响自己难得的休闲时光；说是问题，是因为家长们完全没有意识到，孩子迷上手机，完全是由家长自己促成的，当他们不想被孩子打扰的时候，认为只需要给孩子一部手机，问题就"解决"了，但实际上这是典型的饮鸩止渴，而且后患无穷。

相信我们都很熟悉这句古语："养儿方知父母恩。"养大一个孩子，需要父母付出很大的精力；尤其是在教育方面，更是不能有半点儿的马虎。所以，"父母"这个角色并不好当，因为这个角色需要责任、需要付出、需要时间——更重要的，是需要陪伴和爱！试想一下，有责任心的父母，会反感孩子的"打扰"吗？会只为了自己放松，就对孩子放任不管吗？所以，为了自己能够放松片刻而用手机"贿赂"孩子的做法，实际上就是父母的一种"懒政"行为，如果不及时改过，最终便会导致双方受害。

林谦是一位年轻的爸爸，孩子牛牛刚满5岁，正是调皮的时候，好奇心也比较强，凡事都喜欢探个究竟。对于手机，牛牛也是爱不释手，而且能够独自搜索到自己喜欢的视频。可以说，只要他一拿到手机，便能把身边的所有事物都忘掉，甚至连爸爸妈妈的招呼都听不到，或者即使听到也不作回应，因为他已经把全部注意力都放在手机上了。对此，林谦和爱人也苦恼不已，却一直找不到更好的解决办法。

而真正让林谦意识到陪伴孩子的重要意义的，是有一次他的爱人到外地去出差的时候。当时，他的爱人因公出差两个星期，这样一来，照顾孩子的责任便由林谦全部承担起来。因为爱人不在家，林谦深感责任重大，于是在接下来的两个星期里，除了自己上班和牛牛上幼儿园这段时间是分开的，其他时间他都几乎全程陪伴牛牛，到周末时还会骑着脚踏车带牛牛去公园玩。所以，在这两个星期里，虽然林谦每天都是从早忙到晚，但他却一点儿也不觉得累，相反倒是觉得相当充实，甚至是满满的幸福。而更让林谦感到欣慰的是，因为有了自己的用心陪伴，在这两个星期里，牛牛几乎忘记了手机的存在。此时，林谦才知道，原来在5岁的牛牛心里，爸爸才是他最好的玩伴。

从这个案例中，我们可以看出来，虽然孩子容易沉迷于手机，但在他们内心深处，却一直留着父母的位置。其实，孩子比谁都明白，自己的父母是任何东西都代替不了的。所以，当父母用心陪伴孩子的时候，孩子就不可能被外物所迷，因为亲情可以抵挡一切。

另外，对于如何陪伴孩子，很多父母并没有清晰的认识，觉得只要自己待在孩子身边，就是陪伴了。这种想法，乍一听起来，好像也没什么问题，因为确实陪伴了。但是，如果仅仅是在孩子身边待着，最多只能算是陪着，并不属于陪伴。因为真正的陪伴，是分为两个层面的：一是身体上的靠近；二是心灵上的互动。打个比方，如果父母拿着手机，然后坐在孩子身边聚精会神地刷屏，这种只有身体上的靠近，却没有心灵互动的行为，实际上就是一种敷衍，而不是真正的陪伴。真正的陪伴，是父母要放下手机，然后将自己的身心都用在孩子的身上。

父母小思：从手机看危机

2003 年，在冯小刚执导的电影《手机》中，著名的电视节目主持人严守一，有一次上班时把手机忘在家里，被妻子发现了其中的秘密，从而引发了一系列情感危机……然而，当我们把整部电影从头到尾看完之后，就会发现，手机只是一个导火索而已，而真正的危机，早就藏在了人的心里。

今天，无数的青少年因为手机耽误学业，甚至被毁掉前程，于是手机再次成为人们关注和讨论的焦点，甚至是讨伐的对象。因为在很多家长看来，手机已经成为一种危机。然而，在我们呼吁、命令，甚至是逼迫孩子放下手机的同时，作为家长，我们自己又做了什么呢？我们先来看看下面的这些场景吧！

场景1：

女儿在玩乐高，爸爸在一旁玩"梦幻家园"，已经打到第3303关了。女儿有一个地方始终弄不明白，想让爸爸来帮忙，但连喊了几次，爸爸只是"嗯"了几声，继续玩自己的游戏，并没有理会孩子。女儿急得哭了起来，这时候妈妈刚好从外面回来了，进门后看到女儿在哭，便问了原因……随后便和爸爸大吵一架。接下来，全家便笼罩在阴霾之中……

场景2：

一个13岁的男孩，正坐在教室里上课，突然像受了刺激一样，不停用头去撞墙，老师和旁边的几个同学赶紧上前拉住他。最终男孩被控制住，但他脸部还在不停地抽搐。

在紧急送到医院后，男孩的情况继续恶化，竟然不会说话、不会走路，甚至还不认识家人……医生经过诊断后发现，这个年仅13岁的男孩，患上了免疫性脑炎。是由于作息不规律和过于疲惫，使身体免疫系统出现混乱而引起的。

事后经过了解才知道，这个不幸的男孩是一名留守儿童，父母长年在外打工，孩子跟爷爷奶奶一起生活。由于父母都不在身边，爷爷奶奶又特别溺爱孩子，对他十分放纵。发病前，孩子玩手机玩了大半夜。

场景3：

在外国，一位父亲带着孩子在公园里游玩，父亲觉得孩子自己玩得挺好，于是便掏出手机，低头刷起屏来。半个多小时后，当他抬起头想看看孩子时，却发现孩子早已不知去向，这才开始着急起来……所幸，他们遇到的只是一家公益机构举办的防拐活动，目的是想测试一下孩子的防拐能力，以及家长的监护意识。

场景4：

一位妈妈带着10个月大的孩子到婴儿游泳馆去游泳，把孩子放下水后，妈妈便坐在旁边，掏出手机刷起屏来。不一会儿，孩子身体失去平衡，整个人被游泳圈套住，头朝下栽进水中后不断挣扎，时间长达3分钟。万幸的是，这时正好有另外一位家长也带着孩子前来游泳，才发现泳池中有孩子溺水，于是急忙将其救起，并紧急送往医院，这才保住了孩子的生命。

从上面的这四个场景中，我们不难发现，一部小小的手机，至少映现出了人类的三大危机：情感危机、健康危机和安全危机。

1. 情感危机

孩子情感非常丰富，而且十分敏感，当他们想要与父母互动和交流时，如果父母只顾玩手机而忽略了孩子，就会令孩子感到失望。而这种失望，实际上也是互为因果。今天，父母让孩子失望；明天，孩子也将让父母失望。

2. 健康危机

健康是一切的根本，无论是生理方面，还是心理方面，都不能出问题。一旦出了问题，基本的生活质量尚且无法保障，更不用谈人生理想和目标了。

3. 安全危机

孩子年龄越小，出现意外的概率就会越大，而且这个意外与父母带孩子时是否用心有着直接的关系。所以，父母带孩子外出时，就绝对不能只顾低头看手机，否则就有可能因为只图眼前的一时之快，而造成无法挽回的后果。

所以，作为父母，在我们想尽办法让孩子放下手机的时候，我们是否真正意识到沉迷于手机所带来的危害呢？在手机诱惑面前，我们是否真的拥有自控力，不再围着手机转呢？其实，在这一点上，孩子是最有发言权的。2016 年 11 月，《扬子晚报》就曾刊登过这样一条讯息：

在刚刚过去的第二届全国少儿诗会中，常州市龙虎塘小学六年级学生费东的作品《手机》获得了一等奖，诗中这样写到："别人都要生二胎，我爸妈不用了，因为他们已经有了小儿子——手机……"

这个小学生的参赛作品《手机》之所以获得了一等奖，是因为他说出了大多数孩子的心声——在父母的眼中，手机比孩子的地位还要高。另外，还有一点让孩子们比较疑惑的是，他们在玩手机的时候，父母会给他们限制时间，但父母在玩手机的时候，又该由谁来给他们限制时间呢？对于这个问题，不仅孩子们找不到答案，大部分父母实际上也是找不到答案的。当然了，与其说父母们找不到答案，不如说他们不愿意面对，因为这个答案很简单，就是自控力。

可以这样说，如果父母没有自控力，孩子就会很受伤，父母自己也不好过，因为他们在胡乱地指责孩子不听话的同时，却忽略了孩子实际上是一面镜子，照出了自己的本来样子；如果父母有自控力，孩子就会很幸福，因为有自控力的父母，都能够自觉地抵制诱惑，并在关键的问题上，做出理性的选择。

其实，孩子对父母的要求是很简单的，那就是希望父母把玩手机的时间分一点儿给他们，多给他们一些陪伴。

父母行动：做一流的父母

孩子在成长的过程中，用眼睛来观察周围的各种事物，用耳朵来倾听身边的各种声音。在这个过程中，孩子看到最多的是父母的一举一动，听到最多的是父母的一言一语。而在这看和听的过程中，孩子实际上已经开始在学习，学习的方法就是模仿。也就是说，父母的一举一动、一言一语，都会成为孩子学习的对象，而且这一学往往就能影响一辈子。

从心理学和行为学的角度来看，孩子这种对父母的模仿和学习，是无意的，也是主动的，所以这种学习的效益也是最高的，影响更是深远的，不管是行为习惯、思考习惯，还是语言习惯，都将伴随孩子的一生。那么，作为父母，当我们知道自己的孩子拥有如此强的学习能力之后，接下来又该怎么做呢？

对于父母的表现，曾经有人总结出这样的金句："一流的父母做榜样，二流的父母做教练，三流的父母做保姆。"确实是这样，真正懂得教育的父母，都明白这样一个道理——所谓的教育，实际上是教自己，育孩子。

所以，要想让孩子放下手机，我们不妨先问问自己："我能放下手机吗？"如果你的回答是肯定的，那么孩子也一定能。如果你自己不能，却要求孩子做到，这就是二流的父母，也就是教练型父母。对于教练型父母，孩子可能会迫于其威严而暂时屈服，但后期的反弹，不管是对父母还是对孩子，都有可能产生极大的伤害。

其实，父母只有放下手机，才能有时间和精力来陪伴孩子，才能真正与孩子进行有效的沟通和互动，否则就如《三字经》中所说的那样："养不教，父之过。"要知道，真正的教，不是父母发出指令，然后要求孩子服从，也不是给孩子讲一些大道理，而是用心陪伴。研究表明，如果父母不能与孩子进行足够的交流，孩子就很容易出现"缺爱"症状，比如陷入孤独、没有安全感、缺乏自信、性格孤僻，等等。

为了不让孩子"缺爱"，父母应该将时间多放一些在孩子身上，全心全意陪伴孩子成长。下面给出几点建议，希望能够引起父母们的重视，并认真实践。

1. 放下手机

在很多人都手机不离手的今天，作为父母，我们却要"反其道而行之"，让自己放下手机。这一点可以说是重中之重，因为从这一点上，就可以看出父母有没有自控力。所以，如果你连这一点都做不到的话，那么其他的一切也就没有意义了。

2. 用心陪伴孩子

当孩子面临困难时，及时关注；当孩子感到委屈时，及时呵护；当孩子有想法时，及时鼓励；当孩子有需要时，及时出现。其实，孩子并不需要父母帮助解决多少实际的问题，或者说即使没有父母的陪伴，孩子也一样会长大。但是，有没有父母陪伴的成长，结果是完全不一样的。

3. 多表扬和鼓励孩子

针对孩子的优点，给予针对性的表扬；当孩子犯错时，也不要急着埋怨，或者一味批评，而是教给孩子方法，并提醒他要吸取教训，所谓"吃一堑长一智"。

4. 经常与孩子沟通

每个孩子都有自己的心事，而这种心事很多孩子都不会主动说出来。但是，父母可以通过与孩子进行沟通，引导孩子说出一些压抑在心里的话，这样可以帮助孩子缓解内心的压力。

5. 活到老学到老

即使不需要陪伴孩子时，父母也尽量不要玩手机，而是把精力放在学习上。当父母每天都在辛勤地工作，或者努力地学习时，这种正能量就会对孩子产生潜移默化的影响。孩子在这种积极的家庭氛围中成长，他的自控力就会不知不觉地培养起来。这就是榜样的力量！

定义手机：只是时代的产物

　　手机是时代的产物，也是科技发展的结果，同时也是一把"双刃剑"。如果我们能够正确地认识它、利用它，它就可以为我们的学习、生活、工作带来极大的便利，甚至还可以用它来创造财富。但是，如果"不识手机真面目"，就会被它所迷惑，最终被它所误、所伤，导致出现各种危机。实际上，很多危机的出现，根源并不在手机本身，手机只是一个导火索，加速危机的出现而已。所以，作为父母，我们没有必要谈手机而色变，但也不能麻痹大意。比如，看到孩子玩手机时就粗暴地剥夺，或者为了不让孩子打扰自己的清静，就把手机交给孩子随便玩，这些都是不可取的。其实，在现代社会中，手机已经跟食物和睡眠一样，完全融入我们的生活当中。所以，我们应该如何正确对待手机，实际上也跟如何对待食物和睡眠一样，既不能不用，也不能用得太多。至于如何掌握好这个度，则取决于我们的自律程度。

第二章
把时间交给孩子

导读：时间管理

　　时间是最公平的，不论是谁，每天所拥有的时间都是 24 个小时，一秒不多，一秒不少。然而，只有一部分人能够对自己所拥有的时间掌控自如，做到劳逸结合，不管是生活、工作，还是学习，都安排得恰到好处，并因此而拥有一个圆融的人生；另一部分人看似每天都忙忙碌碌，早出晚归，不断地感慨"时间都去哪儿了"；还有一部分人，本来可以拥有一整块时间，用来完成一些重要的事情，但最终却被碎片化，最终什么事也没做成。那么，同样都是人，同样都拥有一样的时间，为什么最终的结果差别却如此之大呢？其实，原因很简单，那就是每个人对时间的管理不一样。

　　而在今天，要想看一个人是否善于时间管理，只要看看他怎么对待手机就可以了！如果一个人平常不怎么用手机，但只要遇到重要的事，就赶紧用手机记下来，而且还通过设置手机闹钟来提醒自己，这样的人，无疑是十分善于时间管理的，而且知道事情的轻重缓急；相反，如果一个人整天手机不离手，有事没事就低头刷屏，这样的人，肯定不善于时间管理，因为在他低头刷屏的时候，大把的时间已经悄悄溜走了。

　　同样，考验孩子会不会时间管理，只要看看他如何对待手机就可以了。当然了，我们是不能考验孩子的，因为孩子还不明白什么是人性的弱点，而智能手机的很多功能，实际上都是根据人性的弱点来设计的。所以，孩子是很难仅凭他自己的自控能力来战胜这些弱点的，这就需要家长从旁协助，及时提醒，适时监督，这样才能够帮助孩子管理好自己的时间。

时间是这样被偷走的

现在只要走出去，不管是在公交地铁上，还是在大街小巷，或者在餐馆里，甚至是家庭聚会时，我们都不难见到这样的场景：每个人都在盯着手机屏幕，或聚精会神地看视频，或手指不停地打游戏，这已经成为人们日常的一个习惯。

可以说，智能手机一问世，便迅速得到普及，并开始奴化人们，不但使人们从善于思考变成懒得动脑，而且让人们从当初的昂首挺胸变成了"低头族"，导致大部分的时间被彻底碎片化。那么，为什么智能手机会有那么大的魔力呢？这是因为智能手机的设置，主要是迎合了人类情绪脑好逸恶劳、追求娱乐、痴迷游戏、喜欢依赖等需求，并阻碍人类积极思考、善于决策、迎难而上、勇于突破等自我成长的行为。也就是说，智能手机的设置，迎合了人性的弱点，而压制了人性的优点。这是我们必须要了解的一个真相，否则我们就很容易被手机奴化。

下面我们就来具体了解一下，智能手机是如何通过人性的弱点，一步步控制我们的大脑，并将我们的时间给偷走的。

1. 应用程序的诱惑

智能手机里的应用程序，是在研究了人类的大脑结构之后，有针对性地开发出来的，这就很容易让我们被这些程序所诱惑，从而沉浸在网络的世界里不能自拔。我们都知道，人类的情绪脑是很容易被诱惑的，因为人类的情绪脑喜欢享受、娱乐、游戏，甚至喜欢自欺欺人，所以智能手机的应用程序便准确地抓住了人性的这些弱点，所设置出来的东西，基本上都是让我们无法拒绝，而且容易上瘾的内容。因此，如果没有强大的意志力，是很难抵挡住这些诱惑的。

2. 将时间进行切割

如果你是女孩子，在逛街的时候，肯定都有过这样的经历，那就是在专卖店里，各种琳琅满目的商品，让你应接不暇；更为关键的是，这些商品不但诱人，而且价格也很便宜，于是你便开启了"买买买"的购物模式。到最后你才发现，一天逛下来，竟然花了很多钱，甚至远远超出了预算。为什么会这样呢？其实原因很简单，那就是你的钱包被聪明的商家给切割了。而智能手机里的一些应用软件，则是将我们的时间进行切割，比如很多短视频，其长度基本都是 20 秒到 60 秒，而且内容极具诱惑力。只要你打开其中的一个视频，就会被其他的视频所吸引，于是便一个接一个地看下去。到最后你才发现，一两个小时的时间，就这样不知不觉地溜走了，而且，真正溜走的，不仅仅是时间，还有我们原本完整的思维，因为我们的思维也被这些短视频切碎了，没有了整体性和连贯性。长此以往，我们的大脑便逐渐退化，没有能力去思考一些有深度的问题了。

3. 用煽情代替理智

很多手机的应用程序，其内容基本上都是一些煽情的东西，而且毫无理智。所以，如果我们整天手机不离手的话，大脑就没有办法切换到理智脑的应用状态。因为当我们的眼睛和耳朵一直沉浸在这些毫无难度的内容里时，我们的大脑就会甘愿停留在这舒适区里，停留在情绪脑的应用状态下，使理智脑无法启动，更无法使用。而长期得不到锻炼的理智脑便会逐渐退化，从而使专注力开始下降，意志力不断减弱。取而代之的，则是虚荣、攀比、恼怒、消极、懈怠、混乱等负面的情绪，并逐渐被这些情绪所控制。

4. 巧用分心之术

我们平常工作或者学习的时候，往往要通过手机查找一些资料，但只要打开搜索工具，就会看到首页上推送的一些链接，都是我们平常非常感兴趣的信息或新闻。为什么会这样呢？原因很简单，那就是搜索工具的后台会经过分析，将我们经常查看的信息收集起来，然后有针对性地推送。这样一来，当我们看到自己感兴趣的信息时，往往抵挡不住诱惑，不由自主地就会打开链接，看了两三分钟后，觉得很好玩，于是又接着看下一条，然后继续往下看，等终于把这些信息浏览完之后，才想起来要查找的资料还没查。而那些宝贵的时间，已经被无情地浪费掉了。这种情况，就连成年人都很难避免，更别说是孩子了。

其实，我们都知道，一个人最重要、最核心的能力，主要有两种：一是专注力，二是思考力。但是，当我们被手机奴化时，即使是吃饭这么重要的事情，也会一边吃一边看手机，结果导致食不知味；更为严重的是，当我们整天都盯着手机屏幕时，就会失去对周围环境的观察能力与感知能力。最终的结果，就是我们做事情的专注力越来越差，而且不管做什么事，都只是流于表面，或者只是简单地应付，失去了精益求精的心态。同时，我们的思考力在受到手机屏幕各种视觉、听觉、触觉的干扰下，也开始减弱，逐渐走向极端、傲慢与偏见。

所以，要想培养孩子的专注力和思考力，除了让孩子明白时间的可贵，更要让孩子放下手机，学会独立思考。

让孩子学会杜绝"奶嘴乐"

比较明智的家长大多不会让孩子过早地接触手机，更不会让他们去玩手机游戏，因为他们深知，几乎所有的电子游戏都是"奶嘴乐"，带给孩子的只是暂时的满足和一时的快乐。

而有些孩子，3岁开始就玩手机，手机成瘾就不奇怪了吧！作为家长，如果真正想要让孩子有出息，那就必须让孩子杜绝依赖这个"奶嘴乐"。具体来说，可以从下面几点做起。

1. 不要让孩子过早接触手机

很多家长在带孩子的时候都有过这样的经历，那就是手机能给自己帮很大的忙。如果自己想做点儿什么事，又担心孩子在旁边干扰的话，只要把手机塞到孩子的手里，接下来自己就可以安心做事了。但这实际上是一种饮鸩止渴的做法，因为孩子一旦对手机上瘾，再想把手机从他手上拿回来就难了。有的家长甚至专门给孩子买一部手机，以为这样自己就可以彻底解放了。但实际上，这是彻底把孩子给害了，因为对于孩子来说，尤其是在10岁以下，他们还没有辨别好坏的能力，一旦拥有自己的手机，便会很快沉迷其中无法自拔。这也是孩子最好到了十几岁之后再开始使用手机的原因，因为这个年龄的孩子，基本上已经具备了一定的自我管理能力，即使拥有自己的手机，通过父母的正确引导，也能避免沉迷其中。这个时候父母还可以引导孩子通过手机做一些有意义的事情，比如参加网络学习班、查找资料，等等，而不是用手机来玩游戏和看视频。

2. 家长要以身作则

俗话说："有什么样的父母，就会有什么样的孩子。"这句话是很有道理的，因为父母确实是孩子的第一任老师，也是孩子学习、模仿的榜样，如果父母经常在孩子面前玩手机，那么孩子也会很容易对手机产生兴趣，而且很快就沉迷其中。所以，父母在带孩子的时候，还是尽量不要看手机，有时间多陪孩子做一些有意义的事情。请父母们一定要相信——对孩子早期的教育和陪伴，是父母一生中最划算的投资。

3. 多陪孩子玩一些益智游戏

几乎所有的孩子都喜欢玩，而且玩的花样也可谓是五花八门，所以聪明的家长都知道让孩子远离手机的办法，那就是陪伴孩子多玩一些益智游戏。所谓的益智游戏，就是以游戏的形式来锻炼大脑、眼睛和手脚的游戏，使孩子在游戏中提升逻辑力和思维力。更为重要的是，因为在玩游戏的时候，父母也参与其中，所以一场游戏玩下来，不仅能够锻炼孩子各方面的能力，还能够让亲子之间的关系更加亲密。

总之，让孩子杜绝手机这个"奶嘴乐"的方法有很多，但不管是哪一种方法，都少不了父母的用心与陪伴。

严格限定玩手机的时长

当今时代，手机已经成为很多人离不开的东西了。业余时间要玩，工作、学习时间也要用；有需要的时候拿在手里，没有需要的时候也拿在手里；做饭时候手机要陪着，吃饭时候手机也寸步不离；每天睡醒后的第一时间是看手机，每天睡觉前的最后一件事也是看手机……

手机仿佛成了我们的"主心骨"，一会儿不在身边就感觉心神不宁。然而，越是这样，我们就越难以离开手机，即使想戒也戒不掉。

曾经有人计算过，自己一天除了必须要工作的时间外，其他业余时间几乎都给了手机。比如玩"我是市长"这个游戏时，就更是忙得不亦乐乎，一会儿打开游戏收集建筑材料，一会儿打开游戏点击市民意见泡泡，一会儿给工厂分配加工任务，一会儿要在贸易中心买东西，一会儿在交易站卖东西，还要进行船舶运输、飞机运输，或者应对灾难，等等。虽然他也知道玩这种游戏没有任何实际的意义，但就是舍不得自己辛苦创造的"政绩"。

类似这样的情况，在我们的日常生活中，可以说无处不在，很多人明知道玩游戏耽误时间，但就是停不下来，当然还有一些看起来好像比较充分的理由：业余时间，该娱乐还是要娱乐的！然而，也正是这个看起来很充分的理由，让我们与那些真正优秀的人拉开了距离。

我们都知道，每天8个小时的工作时间，大家都在努力，所以几乎没有多少差别；8个小时的睡眠时间，大家也都在睡觉，这个更没有什么差别；而另外8个小时的业余时间，这个差别就大了——你在刷朋友圈的时候，别人正在学习；你在玩游戏的时候，别人正在陪孩子。这样几年下来，这个差别就越来越明显了。

而作为孩子，与同学之间的距离，实际上也是这样拉开的，成绩不好和成绩好的差距除了课堂上是否认真听课之外，还有课堂以外的时间，有的同学利用课余时间继续努力，有的同学则在浪费课余时间，而时间主要就浪费在玩手机上。所以，作为学生，学会时间管理的第一步，就是控制玩手机的时间，这一点需要遵守下面的3个原则，见图2-1。

○ 玩手机的时间要尽量压缩（以不玩为宜）

○ 必须严格，任何情况下都不能打折扣（一点也不能纵容）

○ 时间节点的上限和下限要约定清楚（精确到分钟）

图2-1　控制玩手机的时间的原则

对于不同年龄段的孩子，玩手机的时长限制也不一样。一般情况下，6岁以下的孩子，每次玩手机的时长不应超过半个小时；6~13岁的孩子，每次玩手机的时长不应该超过一个小时。

为什么要严格限制孩子玩手机时长呢？因为孩子在13岁之前，其理智脑还没有真正成熟，所以容易听从情绪脑的指挥，自己没有自控能力。我们都知道，很多成年人面对手机的诱惑，都很难做到不碰手机，更何况是孩子呢!

所以，一旦给孩子规定玩手机的时间后，就要严格执行，而且雷打不动。当然，刚开始的时候，是需要家长进行监督的；等过一段时间，孩子慢慢适应这种时间管理之后，就可以尝试让孩子自我管理了。当孩子能够做到对手机掌控自如，可以毫不留恋地放下手机时，也是他的一次自我超越，所以这时家长也应该适度地给予鼓励和赞美。

其实，给孩子限定玩手机的时间，只是让孩子放下手机的一种辅助办法；起主导作用的还是家长在孩子面前尽量不要玩手机，尽量多陪孩子玩，或者进行户外活动，以及带孩子去参加各种体育训练活动，等等。

总之，家长少玩手机，才能正确引导孩子放下手机；而且，家长一定要明确告诉孩子，让孩子知道长时间玩手机对身体和大脑造成的各种危害。

适时干预、适当管控

美国某大学曾对世界上 10 个国家的 1000 名学生，进行了 24 小时"无媒体"体验实验，让参加体验者在 24 小时中，不使用包括手机在内的任何多媒体设备，参加这个体验项目的大部分学生表示，失去了手机让他们"坐卧难安"，他们表现出烦躁、不安、紧张、消沉等负面情绪，很多人甚至没有完成整个体验项目。

由此看到，在如今高度发达的电子信息时代，管理手机、放下手机、培养孩子自控力，是需要社会、学校、家长、孩子通力合作的大事，仅仅依靠孩子的自觉性和自制力，根本就难以抗拒手机游戏的诱惑。而管控中小学生在学校使用手机，已成为全世界的共识。意大利、法国、德国、美国、英国、日本等明令禁止学生将手机带进校园或者课堂，有的学校规定在教师和家长的引导下学生才能使用手机，芬兰则禁止向初三以下的学生销售手机。

在我国，教育部办公厅也于 2021 年 1 月发布了《关于加强中小学生手机管理工作的通知》，规定中小学生原则上不得将手机带入校园。确有需求的，须经家长同意、书面提出申请，进校后应将手机交由学校统一保管，禁止带入课堂。

那么，针对不同年龄段的孩子，家长应该如何引导，才能让孩子既合理使用手机，又不沉迷于手机呢？见表 2-1。

表2-1　不同年龄段孩子合理使用手机表

年龄段	建议	理由	正确做法
1~3岁	尽量不让孩子玩手机	1.孩子在1~3岁时，视网膜还比较弱，所以在这个年龄段应该尽量少接触手机或者其他电子产品。 2.孩子接触电子产品越早，专注力就越差，甚至还会引起多动症等注意力障碍。	1.父母尽量不要在孩子面前玩手机，应该多与孩子互动，并适时更新孩子的玩具。 2.父母的手机中不要下载任何游戏软件，以防孩子对游戏上瘾。 3.如果孩子对手机产生好奇，可向孩子示范打电话、发语音、拍照等功能，建立孩子对手机用途的正确认知。
4~6岁	尽量不让孩子玩手机游戏	这个年龄段的孩子，会经常缠着父母，让父母陪着他们玩，但很多父母为了图一时清净，便把手机扔给孩子，让孩子自己玩。但这个年龄段的孩子自控力比较弱，一旦接触游戏，就很容易上瘾。因此，父母应该多花时间与孩子互动，即使让孩子接触手机，也不要让他玩手机游戏。	1.父母的手机要去娱乐化，把所有的游戏、娱乐、视频等软件全部删掉。这样一来，即使孩子想要玩手机，也只是翻翻相册、拍拍照而已，玩一会儿就会觉得无趣，也就不会对手机上瘾了。 2.培养孩子的各种兴趣爱好，比如书法、美术、拼图等，只要孩子喜欢上这些，自然就不会总想着玩手机了。
7~12岁	对于孩子玩手机不宜强势打压	孩子到了七八岁时，开始进入心理叛逆期的第二阶段，即儿童叛逆期。这个阶段的孩子，具有较强的自我意识和独立意识，所以会显得比较固执，有时怼得父母都无言以对。如果在前面没有很好地引导，那么孩子在这个阶段，往往就会沉迷于手机游戏，而很多父母常用的方式，就是强势打压，或者各种威胁。但这些方法，实际上是弊大于利。长此以往，不仅会严重破坏亲子关系，而且还会加重孩子对手机的依赖和沉迷。	1.与孩子协商，规定玩手机的时间、次数，作为必须遵守的规则，一定要严格执行，如若违反，就会有相应的责罚手段。 2.家长要明白自己的目的，在督促孩子放下手机的时候，即使孩子出现顶嘴、哭闹等不满情绪，也应该尽量理解并宽容。 3. 站在孩子的角度，理解孩子的感受，比如孩子想要先玩手机再写作业，家长应该表示理解，而且尽量不要用命令的语气去要求孩子，可以用商量的语气。比如，可以这样说："我知道这个游戏很好玩，但你得先把作业做完。把作业做完后，你再玩，可以吗？"

年龄段	建议	理由	正确做法
13~18岁	适当干预，引导孩子合理利用手机	这个年龄段的孩子，思想认知水平已经比较高，同时也具备一定的自我控制和自我管理的能力，而且很多孩子也拥有了自己的手机。这个时候，如果孩子沉迷于手机游戏，父母可以适当干预，并给孩子提出一些合理的建议。切忌直接没收手机或粗暴地打骂。父母应该明白，既然孩子离不开手机，那就想办法帮助孩子，让他学会正确使用手机。	1.父母要多关注孩子的心理变化和行为变化，给予孩子一定的个人空间。这个时期的孩子，之所以沉迷于手机，除了游戏，还有青春期的萌动和对性的好奇。对此，父母可以试探询问，并对其进行委婉教育，教给孩子一些基本的性知识。 2.尽量不要让孩子把手机带到学校。这一点，家长可以向学校提出建议，让学校禁止孩子把手机带到学校去。 3.引导孩子正确使用手机，比如可以给孩子的手机安装一些听书的软件或者阅读软件，让孩子随时随地都可以学习。

定好闹钟：遵守时间约定

很多年轻的妈妈都有这样的体验：自己在厨房做饭，孩子一个人在餐厅看动画片，或者玩玩具。等饭快做好时，妈妈就开始提醒孩子："还有5分钟就开饭了，再过一会儿就洗手去，准备吃饭了，听见没有？"然而，孩子却好像没有听见一样，自顾自地继续玩。

5分钟后，妈妈把饭菜端上餐桌，却发现孩子还在继续玩，于是严厉呵斥孩子，并要求孩子马上停止，赶紧洗手去。这一下，孩子马上不干了，因为他手头上的"作品"还没有完成。妈妈更不干，继续大吼："我5分钟之前就已经提醒过你了，你为什么不听？"但孩子并不管，继续闹……这样的场景，应该是很多父母都遇到过的。

　　但是，如果我们换一种方式去提醒孩子，那么效果可能就大不一样了。还是妈妈在厨房做饭，孩子自己在客厅玩，还是提前5分钟提醒孩子洗手，这时如果妈妈再多出一个动作——定上闹钟，那么5分钟之后，闹钟响起，即使孩子不能马上停下来，但他心里已经明白，该停下来了，这个时候如果妈妈开始干涉，他自然就会配合，因为他已经没有再闹的理由了。

　　由此我们可以看出，其实定闹钟就是给孩子一个缓冲时间。定好闹钟后，中间可以适时提醒一下孩子，看看时间到了吗？如果还没有，那就再玩两三分钟，直到闹钟响起来。这个定闹钟的办法，不但适用于让孩子放下手机，也适用于在外面贪玩不肯回家的孩子。比如当妈妈叫孩子回家时，孩子说："妈妈，我还没玩够，还要再玩一会儿！"这时妈妈就可以对孩子说："那要不我们定个闹钟吧，你说定几分钟？10分钟够吧！等闹钟一响我们就回去。"这种情况，孩子一般都会很痛快地答应，而且日后还会主动要求父母给自己定闹钟。

父母小思：培养孩子的时间观念

　　对大多数的宝妈来说，孩子最让她们头疼的，可能还不是沉迷于手机，而是没有时间观念。比如早上起床时，孩子其实已经醒了，但就是不起来，即使睁着眼睛，也是一动不动地躺在床上发呆；再比如吃饭时，不管你怎么催，孩子就是不听，一边吃一边玩，等全家人都吃完了，饭菜也凉了，孩子的碗里仍然还剩下大半碗的饭没吃；再比如上学时，原本打算早上7点准时出门，结果到7点10分时衣服还没换好……总之，不管做什么事，孩子就是要慢半拍。之所以这样，最主要的原因，就是没有时间观念。

那么，父母应该如何培养孩子的时间观念呢？著名的亲子教育专家黄静洁老师在其所著的《学习的格局：孩子自主学习的秘密》一书中，曾列举出了4种提升孩子时间观念的办法。

1. 父母要有时间观念

对于孩子来说，他们自身具有天然的感受时间的方式，这就是所谓的生物钟效应。一般情况下，孩子在学会走路之后，其作息时间基本上就稳定下来了，只要我们尊重孩子的生物钟，孩子就会健康茁壮地成长。但是，如果父母没有一个很好的时间观念，比如在作息、饮食等方面都没有规律，那样就会干扰孩子的生物钟，并严重破坏孩子正常的作息规律。打个比方，孩子原本的作息规律是早睡早起，但由于父母晚睡晚起，孩子就会在不知不觉中受到父母的影响，也开始晚睡晚起，发展到最后，就会变得比父母还严重，甚至发展到晚上不睡觉，白天不起床。

2. 时间管理从小做起

教孩子学会时间管理，可以说越早越好，因为学会对时间的管理，能够帮助孩子养成各种良好的习惯以及自我管理意识。所以，最晚也要在孩子上小学前，父母就要有意识地教孩子对时间进行管理。俗话说"时间如流水"，这句话不但描述了成人对时间易逝的真实感受，同时也提醒我们要尽早引导孩子认知时间存在的各种形态和使用方式。也就是说，父母要通过各种方法，让孩子成为时间的主人，学会自己管理时间、掌控时间，而不是被时间赶着，被动地往前走。

3. 帮助孩子制订学习策略

为了帮助孩子尽快学会时间管理，父母可以从帮助孩子制订学习策略入手。比如在教孩子学习的过程中，可以先从一到两个简单的题目做起，只要孩子很好地完成几个小任务，就可以用这些小成功来为孩子打气，这样孩子就可以按照从易到难的原则，一步一步向学习进军。当然，也可以让孩子交叉着完成难易程度不同的任务，比如先挑战中等难度的任务，如果完成得比较好，就可以直接挑战最大难度的任务；如果孩子情绪不佳，可以暂停做最大难度的任务，转而去做容易的任务，毕竟孩子需要通过一次次正向反馈来建立信心。这种学习的策略，可以帮助孩子理智而有效地分配时间，按步骤完成既定任务。这种策略还有一个好处，那就是孩子在考试时，即使遇到解不开的难题，也不会慌神或轻易放弃，这就是学习策略带给孩子的一份心理抗压能力。

4. 改变孩子拖延习惯

我们都知道，贪玩是孩子的本性，所以很多孩子即使上学之后，老师开始布置作业了，他们还是没有把作业当回事，依然是先玩，等玩够了再写作业。但问题来了，孩子从来就没有玩够的时候，等他们玩够了，也就没有写作业的时间了。那他们怎么对待老师布置的任务呢？一部分孩子的做法是匆忙去抄作业的答案，另一部分孩子干脆就不交作业了。而这一切，都是拖延惹的祸。

对于我们大人来说，拖延引发的后果就是焦虑，而焦虑又促使了进一步拖延。孩子同样如此，如果我们放任孩子先玩再写作业，那么他最后面对作业的时候，肯定是焦虑的；而如果我们让孩子按计划来，先把作业写好，剩下的时间再用来玩，那么孩子写作业的效率就越来越高了。

另外，孩子在面对困难的时候，也容易产生拖延心理。这时，我们应该帮助孩子把注意力从拖延的恐怖区移开，把那些困难的事情变成一个个可操作、可完成的小任务，这样就可以引导孩子把关注点从"完成不了"转到"行动带来改变"上了。

同时，对孩子的微小改变和进步，父母应该多夸奖，及时给孩子以正向激励。比如，今天孩子放学回家后及时完成作业，父母就可以在便笺纸上写几句夸奖的语句，然后贴到孩子的书桌前。孩子玩手机的时间比平时减少了

10分钟，甚至可以自律地使用手机了，也可以用夸夸帖的方式表扬孩子的改变。[1]

父母行动：制订计划，执行计划

1.积分制奖励法

小武是典型的起床困难户，对此他的爸爸曾经感叹："真是撼山易，撼儿子难。"后来，爸爸为了让小武改掉这个缺点，发明了一个"起床全勤奖"——爸爸和小武约定，每天早上闹钟一响就要起床，如果一个月内每天都能做到，月底就能得到一份礼物。小武听说有礼物可拿，于是就答应了。然而，刚开始执行时，由于习惯难改，所以每天早上起床时小武都显得很痛苦，但在爸爸的鼓励和礼物的诱惑下，小武最终还是战胜了自己的坏习惯，连续一个月，每天都准时起床。当然，爸爸也没有忘记自己的承诺，亲自将一辆非常漂亮的乐高卡车交到了小武的手中。而小武经过一个月的坚持，也渐渐地意识到原来按时起床并没有自己想象中那么困难。

小武爸爸的这个做法，虽然针对的是小武这个起床困难户，但实际上对于沉迷于手机游戏的孩子，也是同样适用的。比如当孩子不愿意放下手机的时候，父母也可以跟孩子约定，只要闹钟响起就放下手机，如果能够连续做到10次，就可以奖励一件"小礼物"；如果能够连续做到20次，就可以奖励一件"中礼物"；如果能够连续做到30次，就可以奖励一件"大礼物"。当然，在具体的执行过程中，还需要父母适时的监督和鼓励。只要孩子成功

---

[1] 黄静洁 著.学习的格局：孩子自主学习的秘密.北京：中信出版社.2020.

得到第一件"小礼物",自然就会对"中礼物"和"大礼物"充满期待,并自觉地要求自己。当孩子成功拿到"大礼物"之后,再回过头来看看自己曾经沉迷的游戏时,就会觉得再好玩的游戏也不过如此,而自己拿到手的礼物,则是实实在在,看得到摸得着的。

当然,我们还要让孩子明白,成功拿到礼物虽然很重要,但更为重要的是,孩子已经战胜了自己,并超越了自己,这一点才是最有意义的。

2. 帮助孩子养成做计划的习惯

对于孩子而言,学习是最主要的任务,所以一份合理的学习计划表,既可以帮助孩子合理安排时间,提高学习效率,还能有效地避免孩子因为贪玩而分心。更为重要的是,孩子一旦养成做计划的习惯,那么拖延症就会不治而愈了,而且做事风格也会越来越稳重。

当然,父母在帮助孩子制订日常计划表时,也应该根据孩子不同的年龄段和学习任务进行调整。下面我们就以小学五年级学生的暑假为例,制订一份合理的计划表。见表2-2。

表2-2 小学五年级学生的暑假时间表

时间	事项
7点	准时起床、整理床铺
7点—8点	洗漱、吃早饭
8点—10点	完成当天的暑假作业,包括常规作业和老师布置的课外阅读任务
10点—12点	阅读课外读物,包含古今中外文学名著
12点—14点	吃午饭、午休
14点—17点	兴趣爱好学习,比如钢琴、书法、美术、舞蹈,等等
17点—18点	散步、锻炼身体
18点—19点	吃晚饭、帮助父母做家务(收拾碗筷、洗碗、擦地)
19点—21点	运动、人际互动、娱乐,而玩手机不超过一个小时
21点—22点	写日记、洗漱、睡觉

从这份学习计划表中，我们可以看出，孩子每天的时间既能充分运用起来，又没有压力。而留给孩子玩手机的时间，也不超过一个小时。这样，父母就会知道，哪个时间段该把手机给孩子，而其余的时间，则坚决不让孩子碰手机。当然，计划是计划，执行是执行，至于如何将计划完美地执行，就要看父母的决心和智慧了。

判别手机：有一些很棒的时间管理软件

现在网上可以搜索到一些限制玩手机的软件，以督促手机的主人专心学习和工作。目前，时间管理软件有几十种，家长们可以根据孩子的个性和需求，给孩子安装相应的时间管理软件。

第三章
一项成功能孕育
更多的成功

导读：兴趣管理

我们都知道，兴趣是最好的老师。实际上，孩子之所以喜欢玩手机，最简单也最直接的原因，就是孩子对手机感兴趣，如果没有兴趣，孩子是不可能玩的。不一样的是，这是一种负面的兴趣，如果任其发展，对孩子身心的健康发展是有危害的。但是，如果我们只是简单粗暴地剥夺孩子的这种兴趣，往往也会产生负面的效果，甚至会因此酿成悲剧。所以，最好的办法，就是培养孩子正面的兴趣，让孩子主动放下这种负面的兴趣。比如，黄静洁老师在其所著的《父母的格局》一书中，就曾分享过这样的案例：她的儿子在上初中的时候，也曾经沉迷于手机游戏，但她并没有进行干涉，甚至没有任何劝阻，而是给儿子买了一台单反相机，因为她知道自己的儿子还有一个兴趣，就是摄影。结果，儿子收到妈妈给买的单反相机之后，很快就放下了手机，研究起相机的各种功能，并开始学习摄影技术。不久之后，儿子又承担起学校里各种活动的摄影任务，天天忙得不亦乐乎。至于手机里的那些游戏，早就被他抛到九霄云外去了。

从这个案例中，我们不难看出黄静洁老师在教育孩子方面的智慧。当然，在实际的操作过程中，我们还会遇到各种各样的问题，毕竟孩子的兴趣并不稳定，而是不断地变化。比如，孩子还很小的时候喜欢画画，上小学之后开始喜欢唱歌，上初中之后又开始喜欢某项体育运动……之所以这样，当然跟孩子的年龄有关，毕竟不同的年龄阶段会有不同的兴趣爱好，但还有一个更重要的原因，就是孩子没有将自己的兴趣与志向结合起来，而这一点就需要父母加以引导了。打个比方，如果你的孩子喜欢画画，为了鼓励他，你可以称呼他为"小画家"，并激励他立志成为一名真正的大画家。为了让孩子对大画家有一个清晰的认知，父母可以给他讲一些古今中外著名画家的成长故事，以及他们成名之后的逸事。孩子听了这些故事之后，自然就会向往那样的生活态度，并将自己的兴趣提升到志趣，将其与自己的志向结合起来。这样一来，孩子对于外在的各种诱惑，就能够主动防御，而不是被动投降了。

当然，孩子在将兴趣提升到志趣的过程中，也会有松懈的时候，甚至会因为遇到挫折和打击，而产生放弃的念头。这时，父母一定要适时地关心孩子，并鼓励孩子克服困难，把这一关给闯过去。还要告诉孩子，如果现在不吃学习的苦，以后就得吃生活的苦；如果现在不吃练习的苦，以后就得吃失败的苦。与其被动地接受，不如主动地选择，因为后者不但让你活得更有尊严，而且更有成就感。

兴趣无高低贵贱之分

年仅8岁的小华对烹饪十分感兴趣，于是小小年纪的他就开始研究起"厨艺"来了。平常妈妈在厨房做饭的时候，他总是有事没事爱往厨房跑，细心地观察妈妈如何切菜、炒菜，并有模有样地模仿起来。同时，小华还立志长大后要成为一名出色的厨师，做出最美味的饭菜来让父母吃。

然而，小华的父母却觉得这孩子整天喜欢与油盐酱醋打交道，没出息，也很没面子。于是，他们不再让小华进厨房，还给他报了英语课和美术课，并强迫他背诵唐诗宋词。但是，小华却将父母给他买的那些图书搞得乱七八糟，给他报的英语课和美术课也不好好上，最后却迷上了手机游戏，而且一玩起来就是半天，怎么劝也不行；如果强行夺走他手上正在玩的手机，他就会没完没了地闹起来。这样一来，本来平静的家庭，每天都会为了手机的事闹得鸡犬不宁。而小华的父母却始终不明白，本来很乖的孩子，为什么突然变得如此不可理喻呢？他们更是想不通，自己这么做，明明是为孩子的前途着想，但孩子为什么就不理解呢？

我们有句老话，三百六十行，行行出状元。孩子爱好厨艺本身也是一种天赋的流露，作为父母，需要做的就是善于发现孩子的天赋，保护孩子的天赋，而孩子的天赋正是他的兴趣所在。当孩子觉得自己能够在某方面游刃有余地发挥潜在的能力时，就会形成一种学习动力。很多父母虽然能够准确地捕捉到孩子的兴趣，但大多数父母却像小华的父母一样，认为孩子的某些兴趣难成大器，于是便想尽一切办法，阻止孩子这种兴趣的发展，然后按照自己的意愿，强迫孩子去学习他根本不感兴趣的东西。

实际上，这样的父母在无形中扼杀了一个孩子的天赋。以这样的方式来教育孩子，不外乎会产生两种结果：一是孩子遵从父母的安排不敢逾越半步，导致孩子失去个性，自身的创造力会受到抑制；二是遭到孩子的极力反抗，最终导致亲子之间"反目成仇"，父母成为孩子心中的"暴君"，孩子成为父母眼中的"坏孩子""逆子"。这样的结果显然不是教育的目的，也不是父母所希望看到的。

父母支持孩子的兴趣，让孩子自主发展自己的爱好，在不违反大原则的情况下，做自己想做的事，他的独立意识才能得到强化，自我学习能力才能得到提高，并因此拥有独立的性格和惊人的创造力。

父母应该怎样支持孩子的兴趣呢？儿童教育专家认为，父母只有充分了解孩子的兴趣，才能正确看待孩子的兴趣，支持孩子的兴趣。

1. 尊重孩子的兴趣

兴趣是因人而异的，作为父母应该接受这样的事实：孩子的兴趣和成年人的兴趣完全是两回事。即使孩子的兴趣显得简单、幼稚，父母仍然要给予尊重，并主动积极地接受孩子的兴趣，而不是把自己的意愿强加在孩子身上。另外，父母还可以积极地为孩子创造一定的条件和空间，鼓励孩子发展自己的兴趣。实际上，尊重孩子的兴趣就是让孩子拥有快乐，就是父母送给孩子的最好礼物；而发展孩子的兴趣，就等于给孩子的成长提供了沃土。

2. 让孩子专注于某种兴趣

孩子的兴趣就好像他的胃一样，一生下来就已经做好接受任何"食物"的准备，只是需要外界环境长期潜移默化的熏陶，才会对不同的事物表现出不同程度的兴趣。因此，父母应该掌握好培养孩子兴趣的金钥匙，不要让孩子在许多种兴趣之间穿梭，以免他在各种兴趣中应接不暇，疲于应付，最终导致对什么也不感兴趣。

3. 孩子的兴趣是可以培养的

孩子的兴趣会随着时间的推移而有所改变，往往前几天还爱不释手的玩具，到了今天却会让它"靠边站"，随之又对其他的事物发生兴趣。但是，孩子的兴趣是具有可塑性的，因此也是可以培养的，只要父母使用适当的方法进行引导，孩子的兴趣在一定程度上是可以改变的，前提条件是先支持孩子已有的兴趣。至于如何培养孩子新的兴趣，父母可以从陪孩子玩游戏、谈心开始，通过与孩子的沟通来了解孩子的内心世界，做孩子的知心朋友，培养融洽的亲子关系。这样，父母的一些良好兴趣自然会无形地影响孩子，孩子自觉地模仿父母的兴趣，进而达到培养良好兴趣的目的。

由于受社会上一些不良风气的影响，有的孩子对一些不利于身心健康的事产生兴趣，比如抽烟、赌博、玩手机游戏、拉帮结派等，久而久之，就会形成坏习惯。对于这些，父母除了及时阻止，表达反对态度之外，最重要的是要耐心地向孩子说明，这些坏习惯给身心所带来的危害，鼓励孩子下决心改掉这些毛病。而在改正的过程中，哪怕只是稍微有一点儿改变，都要及时进行表扬、鼓励，给孩子彻底改正的信心。

孩子的良好兴趣是非常宝贵的资源，只要父母积极给予保护和支持，孩子的智慧就会得到更深层次的开发，也会变得越来越聪明。

做孩子的头号粉丝

赏识教育首创者周弘，一位普通又了不起的父亲。女儿婷婷刚出生时，就因为药物中毒而双耳失聪，医生给出的诊断是不治之症，这预示着婷婷这辈子都要在无声的世界中度过了。然而，作为婷婷的父亲，周弘决心自己来培养女儿，他相信自己的女儿一定能有一个健康的人生。

周弘在幼儿时期就对婷婷进行耐心的训练，在婷婷4岁那年她终于说话了，但在智力方面，与同龄的孩子还是有很大差距。周弘采用了"母语识字法"来教女儿识字，也就是用语言和文字对其进行同步教学：比如，看见太阳出来就写"太阳"，看见月亮出来就写"月亮"，看见水里的鱼儿就写"鱼"……两年过去了，婷婷6岁那年，竟然已经认识了2000多个汉字。

婷婷的改变，让周弘感悟出教育孩子的奥秘——真心地赏识孩子，真诚地赞美孩子。

当小婷婷念出第一首儿歌时，尽管很难听懂，父母还是连连夸赞："婷婷真是太棒了！"婷婷刚学会做算术题时，6道题中仅做对了1道，但全家人却惊呼："婷婷真是太了不起了，竟然连这么难的题都能做对！"

在家人的赏识下，婷婷的潜力被源源不断地开发出来。奇迹也发生了：在8岁那年，婷婷就能够背诵出圆周率小数点后1000多位数字；婷婷仅仅用了3年时间便学完了小学的全部课程，而且绘画、书法、写作，门门获奖；

小学毕业时，婷婷以全校排名第二的高分考入初中；16 岁时考上大学，成为中国第一个聋人大学生；21 岁时，婷婷被美国加劳德特大学录取，之后又被美国波士顿大学和哥伦比亚大学录取为博士生……

婷婷是不幸的，因为她从小就失聪，一辈子活在无声的世界里；婷婷也是幸运的，因为全家人都是她的粉丝，而她的父亲更是她的头号粉丝，正是这些粉丝的培植，她的人生因为缺憾而显得更完美。

拥有健康孩子的我们会怎么做呢？是不是总在埋怨孩子太笨、太不争气、太不听话？殊不知，孩子争不争气和父母的沟通交流有关，当我们积极地与孩子进行交流，并适当地夸奖孩子时，孩子就会越来越优秀；当我们没有时间陪伴孩子，或者给孩子贴上一些负面的标签时，孩子就会越来越消极，并将自己的精神寄托在手机的虚拟世界中。当孩子只能从手机当中寻找快乐和安慰时，也就是他与父母产生隔阂的开始。

作为父母，我们应该怎样做，才能既与孩子保持亲密的关系，又能够让孩子越来越优秀呢？下面的几点建议，父母们不妨参考一下。

1. 找到孩子的闪光点

每个孩子的身上都有值得骄傲的闪光点，这些闪光点，需要父母拥有一颗赏识的心才能发现。比如，当孩子满地乱爬时，你会发现他的健康和活力；当孩子喜欢问这问那时，你会发现他拥有一颗好奇的心；当孩子喜欢"乱摸乱动"时，你会发现孩子拥有较强的动手能力；当孩子喜欢"胡思乱想"或"异想天开"时，你会发现孩子拥有丰富的想象力……总之，只要你赏识自己的孩子，就会不断从他的身上发现一些闪光的地方。

2. 及时赞美孩子

作为父母，当发现孩子身上的闪光点，或者当孩子完成了一件他自认为了不起的事情时，如能及时地进行赞美和鼓励，往往会产生良好的效果。如果一时忘记了，事后也应该补上。比如，孩子生病了，在父母的说服下终于肯吃药了，就应该立即对孩子说："宝贝，你真勇敢！"如果当时忘了说，没来得及赞美孩子，可以等到孩子的病好一些之后再对他说："宝贝，你把药吃下去之后，身体好多了，你真勇敢！"

此外，孩子也有极强的自尊心和"虚荣心"，父母如果能够对孩子的优点当众赞美，对孩子来说，就是双重的奖励。比如，孩子学习很勤奋，父母可以当众赞美孩子："我这孩子学习很用功！"又比如，当孩子主动和客人打招呼时，可以这样说："好孩子，你真懂礼貌。"以后，为了维持这种赞美，孩子自然会养成主动学习、讲礼貌的好习惯。

3. 真诚的态度

赞美孩子时，父母应该做到真诚，而不是故意吹嘘，盲目夸大孩子的优点或凭空捏造事实。这样做往往会产生两种结果：一方面会使孩子觉得父母是在作假，进而使父母在孩子面前失去威信；另一方面则可能会使孩子感到沾沾自喜，自以为了不起。比如，当孩子画出一幅画时，父母这样对孩子说："宝贝，你真是太棒了，画得比大画家还好，你怎么这么聪明啊！"这样的赞美往往会使孩子感到茫然。如果改成这样说："宝贝，你这幅画的颜色用得真好！"孩子自然就会明白父母是在赞美、肯定自己的绘画能力，也知道自己的长处在哪里。要知道，言过其实的赞美往往会给孩子播下虚荣和盲目自大的种子。

当然，在赞美、激励孩子时，也要掌握一个度，做到适可而止，不要一说起来就没完没了。因为这样做，反倒会让孩子不自在。实际上，不管是赞美的话，还是激励的话，都不是越多越好，最重要的是要有针对性。赞美、激励过多，往往会沦为一些空洞的口号，让孩子失去感觉，不再产生动力。当孩子对某种行为已经养成良好的习惯后，父母就可以适当减少对这方面的赞美。比如，当孩子每天到了该学习的时候，就主动坐在书桌前翻开书本，父母就没有必要一再对孩子说"宝贝，你真是个好孩子"之类的赞美之辞。如果一定要有所表示的话，可以给他一个温暖的拥抱或一些适当的奖励，这些都会给孩子以奇妙的力量。

孩子的长处，需要你去发现

对于孩子沉迷于手机，很多父母既生气又无奈。在对待孩子的态度上，也基本是"哀其不幸，怒其不争"，尤其喜欢说那句"你除了整天玩手机，其他一无是处"，这对孩子来说，伤害性极大，污辱性也极强。孩子对此的反应，也往往是破罐子破摔，因为在他们看来，这就是对父母最好的"报复"。

其实，对于孩子沉迷于手机，我们静下心来想一想，不难发现这里面也有可取的地方。如果孩子不但对学习没有任何兴趣，对玩手机也没有什么兴趣，那才是真正的一无是处。如果将孩子"整天玩手机"转变为"整天做功课"，这才是父母真正想要的结果。

每个人都有自己的天赋，每个孩子也都有自己的长处，这是毫无疑问的。当父母与孩子进行交流与沟通时，如果能做到善于发现孩子的长处，并进行正确的引导，就能使孩子的天赋得到最大限度的发挥，从而变得越来越优秀，最终成为卓越的人才。

如何发现孩子的长处，既取决于父母对孩子的关爱程度，也取决于父母对教育的认识水平。有智慧的父母会很快地发现孩子的强项，并因势利导，用孩子能接受和喜爱的方式把他领入智慧的殿堂，进而帮助孩子增长见识和开阔眼界。

我们可以从以下几个方面去用心观察孩子，并发现孩子的长处。

1. 从性格方面发现孩子的长处

德国化学家奥斯特瓦尔德读中学时，父母为他选择了一条文学的道路。老师在他的成绩单写上这样的评语："他很用功，但过分拘泥。这样的人即使有着很完美的品德，也绝不可能在文学上发挥出来。"

根据老师的评语，再对照孩子拘谨老实的性格，奥斯特瓦尔德的父母选择尊重儿子自己的选择，让他改学油画。可是，奥斯特瓦尔德既不善于构思，又不会润色，对艺术的理解力也很差，他的成绩在班上倒数第一。为此，老师的评语变得更加简短而严厉："你是绘画艺术方面的不可造就之才。"面对这样的评语，奥斯特瓦尔德的父母并不气馁，他们主动到学校，征求学校的意见。校长被他们的精神所感动，专门为此召开了一次教务会议。会上，大家都说奥斯特瓦尔德过于笨拙，只有一位老师提到他做事十分认真。这时，在场的化学老师眼睛为之一亮，接着说道："既然他做事一丝不苟，这对于做好化学实验是十分必要的品格，那么，就让他试着学化学吧！"接受这一建议后，奥斯特瓦尔德真的很快就对神奇的化学入迷，智慧的火花迅速被点燃，由此一发而不可收。

这个在文学与绘画艺术方面均"不可造就"的学生，突然变成了公认的在化学方面"前程远大的高才生"。最终，由于在电化学、化学平衡和化学反应速率等方面的卓越成就，奥斯特瓦尔德在 1909 年获得了诺贝尔化学奖，成为举世瞩目的化学家。

从奥斯特瓦尔德的成功经历中，我们不妨吸取他的父母在教育和引导孩子方面的经验。正因为他们在孩子迷茫时没有放弃，而是根据孩子拘谨老实的性格，接受了化学老师的建议，才为孩子的成才找准了方向，最终使他的聪明才智得到了最大的发挥。

2. 从兴趣方面发现孩子的长处

东东是一个十分调皮好动的孩子，他特别喜欢摆弄小零件，家里的小闹钟、录音机、电话机总是被他一会儿拆掉，一会儿又装上，很多东西都被他拆坏了。但东东的妈妈非但不骂他，还不时地表扬他爱动脑筋手又巧。有时候，她还特意把朋友家一些破旧的小家电要来供他摆弄，把懂修理技术的亲戚朋友请到家中指导东东。东东上学后，妈妈还专门把他的这一特长介绍给老师，希望能让他在班级里发挥作用。这样一来，东东的表现就更积极了，虽然他的学习成绩并不出众，但他的性格却越来越开朗，对未来也越来越乐观和自信，他说自己长大后要当一名伟大的工程师……

从孩子的兴趣入手，可以帮助我们更好地发现孩子的长处，并获得良好的教育效果。试想，如果东东的妈妈轻视孩子的动手能力，常常责备他是个败家子，东东也就无法对学习产生欲望，更无法体验到学习的快乐和意义，还怎么能自信地去实现理想呢？

3. 从平凡处见非凡

一位幼儿园老师在评价本班孩子的美术作品时，举起一幅画，上面除了一些规则的横竖道道之外，什么也没有。老师微笑着向孩子们介绍道："老师数过了，这位小朋友的画中一共用了 24 种颜色，是我们班使用颜色最多的小朋友。我们应该为他在这方面先行一步而感到高兴。"的确，这幅画看似一无是处，然而这位老师却从中找到了孩子的长处，于平凡处见非凡。

其实，每个孩子都有自己的长处，他们的能力是多方面的。即使最差劲的孩子也有优点，即使最完美的孩子也有缺点。如果我们带着欣赏的眼光和审美的心情去看孩子，就必定能从他身上发现美好的东西。这正如艺术家罗丹所说："美是到处都有的，对于我们的眼睛，不是缺少美，而是缺少发现。"

4. 用长处带动短处

小芳是一个四年级的学生，平时老实又安静。她天天坐在教室里，既不跟其他同学交流，也不看书，从不主动交作业，这并不是因为她不会做，只是不想做而已。无论老师怎么讲道理，她都无动于衷，老师开始感到有些无能为力，甚至对她失望了。后来，老师无意中知道小芳正在少年宫学画画，就留下了创作关于过年的美术作品这项寒假作业，还特别嘱咐小芳，要她务必把自己的这份作业带到学校来。

开学后，小芳果然带来了她的作品。面对这张色彩饱满、构图美观的图画，老师惊呆了。她抑制着自己的惊喜，向全班学生展示了这幅作品，并激动地对小芳说："老师从来不知道你的画画得这么棒！让老师大开眼界！这说明你很能干，也很聪明。我不相信这么聪明的孩子做作业会拖拉！试试看，把你学画画的劲儿拿出来！一定能按时完成作业。"听了老师的话，小芳使劲地点了点头。从那天以后，小芳每天都能及时地完成作业并交给老师批改。后来，老师还在那周的小结中专门表扬了小芳。从此，小芳的精神面貌焕然一新，对学习的自觉性更强了。

聪明孩子是夸出来的，面对小芳不喜欢做作业的短处，老师很好地利用了小芳会画画的长处，以长带短，使她从此喜欢上了学习，这实在是教育孩子的高明方法，也是值得父母们借鉴和学习的经验。

5. 适当"限制"孩子的长处

玲玲的妈妈发现自己的女儿很有弹钢琴的天赋，因为在没人教的情况下，玲玲居然能弹出曲子。为此，妈妈惊喜万分，立刻为女儿请来了专业的钢琴老师，还给女儿制订了教学大纲和远景规划。然而，一个月下来，玲玲一看见钢琴就头疼，再也不愿意摸钢琴了。

玲玲妈妈教育女儿的失败，正是出在了"给女儿制订了教学大纲和远景规划"上。孩子天生都有一种逆反心理，父母一定要注意。越不让干的事情，孩子往往干得越起劲，这就是孩子的天性。当我们发现孩子的长处时，为了保持这种兴趣和优势，不妨适当地对他的爱好加以"限制"。如此，孩子反而会因逆反心理而始终保持这个兴趣。当然，这种"限制"应该点到为止，以能够保持孩子的兴趣和劲头为度。

善于发现孩子的长处，需要父母对孩子多鼓励和多赞扬。只要我们不吝惜自己中肯的表扬，孩子自然就能从学习和成长中找到兴趣、自信，看到希望，因而，学习的兴趣就更浓，干劲会更足，进步也会更快。

奖励孩子也要适度

有一对父母，为了鼓励孩子刻苦学习，制定出了一套奖励制度：只要孩子平时小考成绩在90分以上，或者在班上排名前十，那么在周末的两天里，都可以玩手机；如果能够考上重点中学，就可以奖励孩子一部新手机。父母的这一招，刚开始还真管用，孩子在学习上比以前用功了，而且每次放学回家，都是主动温习功课、写作业。但好景不长，没过多长时间，孩子就明显出现厌倦学习的情绪，父母只好提高奖励，并怀着"重赏之下，必有勇夫"的心态，期待着孩子能够更加刻苦地学习，但最终他们还是失望了。

虽然，这对父母的困惑我们可以理解，但他们在教育孩子的行为上，确实已经陷入了一种误区。这种动辄给孩子物质奖励的方法，往往会导致孩子只对奖品本身感兴趣，而缺乏对被奖行为的兴趣，甚至导致孩子对物质利益的过分追求，进而发展到把学习作为交换奖品的筹码。

那么，怎样的奖励才更适合孩子呢？

1. 以精神奖励为主

对孩子的奖励应以精神奖励为主。主要表现为表扬、赞许、点头、微笑、亲昵等，这些都能达到鼓励、奖赏孩子的目的。当然，也可以把物质奖励作为一种辅助，但主要是给孩子赠送书籍、衣物、玩具、学习用品以及外出旅游的机会，切记，慎用金钱对孩子进行奖励。

2. 要把握奖励时机

对于年龄比较小的孩子，父母的奖励要及时，否则就会使奖励失去效力。因为孩子的兴奋来得快，去得也快，不要等时过境迁再奖励，那个时候孩子可能已经忘记自己什么事情做得对，或者什么事情做得让父母满意了，奖励的目的也因此无法达到。

3. 使用不同的奖励方法

由于孩子对新鲜事物永远充满好奇心，对已有的东西会很快失去兴趣，因此，经常更换奖励办法可以使奖励更有效。对孩子有吸引力的奖励方法，可以强化孩子的好习惯。例如，只要孩子能做到放学后先做完作业再玩，就可以奖励他多玩 30 分钟，这样，孩子就会慢慢养成放学后自觉完成作业的好习惯。当一个好的行为变成习惯固定下来后，父母可以再针对下一个行为进行有目标的奖励。

4. 辩证奖励法

任何一个孩子都是既有优点又有缺点的，因此，父母对孩子不能只奖不罚，也不能只罚不奖，而是要做到奖罚分明，不能因为奖，而看不到孩子的缺点，也不能因为罚，而忽略了孩子的长处。在这方面，著名的教育家陶行知先生的做法堪称经典，父母们不妨借鉴一下。

陶行知先生在育才学校当校长时，有一天，他看到一个男生用砖头砸同学，遂将其制止，并责令该男生到校长室等候。陶行知先生回到办公室，见那个男生已在等候他，便掏出一块糖给他，对他说："这是给你的奖励，因为你比我先到了。"接着又拿出一块糖递给他："这也是给你的奖励，我不让你打同学，你立即停住了，说明你很尊重我。"男生将信将疑地接过糖。陶行知先生又说："据了解，你打同学是因为他欺负女生，说明你有正义感。"陶行知先生遂掏出第三块糖给他。这时，男生哭了，对陶行知先生说道："校长，我错了，同学再不对，我也不能打他。"陶行知先生又拿出第四块糖："你已认错，再奖励你一块，我们的谈话也该结束了。"

对孩子打架这件事，陶行知先生处理得游刃有余，实在高明。这种奖中有罚、罚中有奖，用辩证的眼光看问题的思路和方法，确实是很多年轻父母应该学习的。

此外，不管对孩子进行什么样的奖励，都一定要讲究原则，而最起码的原则就是诚信。所以，在奖励孩子的问题上，父母一定要做到"言必信，行必果"。因为孩子对父母的许诺一般都会记得很清楚，因此父母千万不要向孩子许诺自己做不到的事情，而一旦许诺，就必须做到。如果因为某种客观原因，导致无法做到的，也一定要给孩子解释清楚。必要时，可以用其他的方式进行补偿。

父母小思：刻意练习，帮助孩子成就最好的自己

《论语》中记载了孔子的这样一段话："吾十有五而志于学，三十而立，四十而不惑，五十而知天命，六十而耳顺，七十而从心所欲，不逾矩。"

孔子的这段话，大意是说："我十五岁时立志学习；三十岁时能够有所成就；四十岁时能够不被外界的事物所迷惑；五十岁时就懂得了天命；六十岁时能够听得进各种不同的意见，而不觉得烦恼；七十岁就能够做到随心

所欲而不越过规矩。"这实际上是孔子对自己人生成长历程的一个总结,可以说每个阶段都有不同的境界。那么,孔子为什么能够在三十岁时就有所成就,在四十岁时就不再被外界的事物所迷惑呢?其实,原因很简单,就是因为他在十五岁的时候,就已经立志,将做学问作为自己终生的事业。所以,孔子即使后来遭遇了诸多挫折,但他仍然能够朝着自己的目标坚定不移地前进,最终成为一代圣人。当然,孔子之所以能够获得成功,还有一个相当重要的因素,就是刻意练习,比如孔子后来教给学生的礼、乐、射、御、书、数这"六艺",他本人就是通过刻意练习来熟练掌握的。

现代研究也证明,一个人要想获得大的成就,都少不了一个刻意练习的过程。心理学家们经过研究发现,天才和普通人的大脑,并没有多少区别,唯一的区别在于对大脑的使用方法不同。也就是说,几乎所有的天才,都有一个刻意练习的过程,都不是全凭天赋。

那么,刻意练习都有哪些特征呢?

第一,目标明确。我们以体育运动为例,如果你只是想让自己的身体强壮一点儿,不至于经常生病,那你只要坚持每周进行两三次的有氧运动就可以;如果你想塑造出完美的身材,比如要让身材达到"倒三角"形,或者要练出几块腹肌,那你就要坚持每天进行训练,而且在训练强度上也有一定的要求;如果你要成为专业的运动员,那就必须刻意练习,全年无休,风雨无阻,而且每天训练的强度必须达到量化的标准。

第二,志向远大。很多人在学习某个领域的知识时,往往都是凭着兴趣爱好进行。有兴趣当然是好事,毕竟兴趣是最好的老师。但是,我们都知道,所谓的兴趣,也是不断变化的,比如小时候你喜欢画画,上学之后喜欢唱歌,毕业之后喜欢摄影……这样学下来,你虽然学到了很多东西,但你会发现,没有一样是你真正精通的,更别说达到专业级别了。而之所以会这样,是因为你没有把自己的兴趣提升到志趣,也就是没有把自己的兴趣与志向结合起来。在现实中,有很多这样的孩子,他们虽然对学习有兴趣,但如果没有一个远大的目标，那么在长期的学习过程中，往往就会懈怠下来，甚至觉得学习是一件苦差事而放弃。与其被动地接受，不如主动地选择。

第三，及时反馈。普通人在练习某项技能时，往往只是当成任务去完成，虽然也会坚持日复一日地练习，但只是为了坚持而坚持，是典型的"只顾埋头拉车，不肯抬头看路"；而刻意练习的人，除了每天坚持练习，还要注重反馈，就像练习书法一样，每过一段时间，就创作一幅作品，看看自己练习的效果，如果有进步的话，就继续努力，如果没有进步，就检查一下哪里出了问题。当然了，当你想帮孩子提升某一方面的能力时，如果能够找到这方面的专家，让他对你的孩子给出有针对性的反馈和建议，这对孩子能够有针对性地刻意练习是很有帮助的。

第四，积极改进。刻意练习与积极改进，可以说是相辅相成，互为因果的。刻意练习会让你积极改进，积极改进又促使你不断刻意练习。有一个演说家，曾经这样分享他的成功经历："我刚开始练习演讲的时候，每到周末时，总是比平时还要忙，因为我要利用周末的时间加紧练习，并通过同事的帮忙，不断反馈我的问题，包括我的眼神、手势、语音、语调、发音是否准确，等等。我还经常约几个同事到单位进行演讲比赛，之后大家相互提出问题，然后针对这些问题不断练习，不断改进。直到今天，我虽然早已把讲台当成了舞台，尽情挥洒自己的激情，传递自己的信念，分享自己的心得，但每次从讲台上走下来，我还是不断复盘，不断修正。就是现在，我还是每天进行大量的演讲练习，并且用视频的方式录下来，让同事给自己反馈问题，然后继续改进。对于我这种积极改进的方式，有很多人可能会觉得这需要很强大的意志力，但实际上，这世界上并不存在所谓的意志力，因为这个世界上没有你能不能的问题，只有你愿不愿意的问题。只要你愿意，你就一定能；只要你不愿意，你就肯定不能。"

第五，开拓创新。刻意练习绝对不是机械地重复，而是在练习的过程中不断开拓自己的思维，并勇于创新。这一点，可以说是刻意练习的终极目标。比如，那些著名的世界体操冠军，几乎每个人都有以自己的名字命名的动作。而他们能赢得这份荣耀，就是敢于开拓创新的结果。

总之，刻意练习是平庸与卓越的分水岭。所以，如果你想让自己的孩子摆脱平庸，就得鼓励他超越兴趣，做到刻意练习。

父母行动：为孩子的积极性点赞

我们在和孩子聊天的过程中，常常听到他们这样抱怨："爸爸妈妈什么也不让我做，除了学习还是学习！""我很喜欢××，但爸爸妈妈不但不支持，还给我报了一堆我不喜欢的所谓兴趣班。""有时候我很想帮妈妈干点儿活儿，但她总是不信任我。""反正我现在干什么都觉得没意思，被打击惯了。"……

而在和一些父母聊天的时候，却又得到这样的反映："现在的孩子太难管了，哪像我们小时候，父母说什么就是什么！""我那孩子一下弄这、一下弄那，有什么用，现在还是看成绩啊！""她呀，什么都好，就是学习不好。要是真想孝顺我，就考个重点学校，我啥也不用她干！"……

不难看出，父母和孩子之间的这些问题非常普遍，他们常常觉得对方不理解自己，乃至有时用一些过激的语言和行为伤害对方，如此恶性循环，不但严重影响了亲子关系，也影响了孩子的健康成长。其实，这种情况是可以避免的。作为父母，只要能了解每个年龄阶段孩子的心理，改变并采用正确的教育方法，因势利导，不仅可以避免类似问题，还可以更好地引导孩子成长。

具体来说，理解孩子首先要学会保护孩子的积极性，甚至为孩子的积极性点赞。孩子因为天生好奇，本身就对一些事物有新鲜感和探索欲。

当孩子对某种事物充满好奇、渴望探索的时候，其实也是孩子主动学习的最佳时机。如果我们能保护孩子的这种积极性，再进行适当的引导，并加以鼓励，孩子不仅会对生活充满极大的好奇和热情，而且还可能在某一方面保持浓厚的兴趣，最终形成自己的爱好、优势，不知不觉中便实现了我们的教育目的。相反，如果父母缺乏耐心，因为担心孩子不会做、做得太慢、做不好就代替孩子去做或加以阻拦，时间久了，孩子不仅会丧失独立意识，而且会严重影响孩子的积极性，让他们失去主动学习的兴趣。所以，保护孩子的积极性对孩子的成长是非常重要的。

那么，父母应该如何有限度、有方法地保护孩子的积极性呢？其实也很简单，当孩子对某一方面表现出兴趣时，父母放手让孩子去尝试并鼓励他就好。当然，放手前，父母需要评估安全性和可行性，只要安全、可控、可行，即使超出孩子本身的能力也没有关系。放手之后，孩子会根据自己的实际能力和情况去调整。这样将大大促进孩子的积极性，也能增加孩子了解自己的机会。

有一位妈妈一直就是这么做的。她在孩子 2 岁多时，就经常带孩子去超市买东西，因为每次都会拎着一个购物筐，孩子看着好奇，也想自己拎着，妈妈觉得没有问题，于是就放手交给孩子。小家伙已经有了一定的力气，虽然有些吃力，但还是能把筐子拎起来。这时，妈妈一边往里面加一些比较轻的食物一边鼓励地说："啊，我们的宝贝力气真大，都可以帮妈妈拿东西了！"听到这样的赞美后，孩子心里那个美啊，虽然累得出了汗，但小手还是没有离开筐子。

当孩子再大一点儿时，他的"野心"变得更大了，又瞄上了购物车。每当看见大人推着一个大大的购物车，他又很好奇，自己也想推，这虽然远远超出了孩子的能力范围，但那位妈妈再三考虑后，还是放手把购物车交给了孩子。那么小的孩子推着购物车，难度可想而知。由于孩子的个头还没有推车的把手高，所以旁边的很多人只看见推车动来动去，就是不见人，都觉得很奇怪。有些老奶奶看见后，忍无可忍，甚至大声呵斥："你这个妈妈是怎么当的，你看车子多重呀，你的心真大！"但看到孩子还是那么开心，一副"我是小大人"的样子，那位妈妈对老奶奶的训斥也只是微微一笑。后来，只要孩子一到超市，不是拿筐就是推车，俨然成了妈妈的小帮手。

当然了，保护孩子的积极性，放手让孩子自己去做还仅仅是第一步，当孩子给我们沏杯茶或主动关心我们时，我们会感动地说声："谢谢，宝贝知道心疼爸爸妈妈了！"当孩子主动帮我们打扫卫生或干家务活时，我们高兴地说："哟，我们的宝贝真勤劳，不愧是爸爸妈妈的好帮手！"……但仅仅做到这一步还不够，接下来的第二步才是关键，那就是还要放手允许孩子犯错误，给孩子犯错误的机会。当孩子"好心办坏事"的时候，我们要耐心地说："没关系，你能这样做，爸爸已经很高兴了，再想想问题出在哪里？爸爸陪着你一起，宝贝要不要再试试？"……也就是说，当孩子在做事情的过程中出现了问题时，我们可以引导孩子想想问题出在哪里，找到办法，并暗示孩子：这次失败了没有关系，我们可以再来，一定可以做好！即使孩子受挫，只要父母有耐心、有方法，孩子仍然能保持这份积极性。当父母能够包容孩子的错误之后，还需要第三步，就是真正了解自己的孩子：他在想什么？兴趣在哪儿？当孩子对一只小蚂蚁观察许久或对某方面很感兴趣、钻研时，我们不妨兴奋地说："发现什么秘密啦？爸爸妈妈也很想知道，能告诉我们吗？"

可想而知，当孩子的积极性得到父母的肯定时，孩子不但很开心，而且还会对很多事情充满兴趣，同时也培养了孩子的进取心，真可谓一举多得。

认识手机：我知道，手机瘾在兴趣面前不堪一击

　　孩子之所以容易沉迷于手机，是因为智能手机的一些设置利用了人性的弱点，导致还没有分辨能力的孩子容易上当。但我们也要看到，手机游戏中所有的设置都没有持续性，而且不会给孩子带来实际的利益，甚至只会让孩子越来越空虚。而现实生活中的一些兴趣爱好，不但具有持续性，而且还能够给孩子带来实实在在的利益，比如当孩子对画画、书法、音乐、舞蹈等产生兴趣时，只要父母稍加鼓励和培养，这些兴趣就会成为他的志向。当孩子立志将来要成为一名画家、书法家、音乐家、舞蹈家时，他就会为自己的理想投入更多的精力。这样一来，小小的手机瘾就不治而愈了。

第四章
培养情商，
提升抗压能力

导读：情商管理

"情商"又称"情绪智慧"，主要包括了解自身情绪、管理情绪、自我激励、识别他人情绪、处理人际关系五个领域。心理学家们在经过长期的研究后，得出了一个结论，那就是对于一个人的成功，情商具有重要作用。而人的情商从先天的角度来看都差不多，情商的高低，主要取决于后天的培养，这也就是《三字经》中所说的"性相近，习相远"。

现实中，很多年轻父母对情商的认识存在着极大的偏差，主要有如下几点误区：

（1）情商只属于人际交往方面的能力，情商高的人除了公关能力强，没有别的能力。

（2）情商是一种很虚的东西，没有可操作性，更无法在实际生活中进行运用。

（3）情商只是衡量一个人能否圆滑处世，智商才是衡量一个人是否聪明的因素，智商比情商重要。

（4）情商与智商相对立，过早地培养孩子的情商，只会阻碍他的智力开发，影响他的智商与学习成绩。

（5）开发孩子的智商才是早期教育的重要内容，情商则可以等孩子长大后，让他自己慢慢去掌握。

上面的这五点内容，很多人以为就是情商的全部，但实际上，情商并非如此简单，因为它包含了很多方面的能力。这些能力恰恰是养成孩子良好个性与品质的重要因素，这些因素决定了孩子今后的人生道路以及所能取得的成就。更为重要的是，情商高的孩子，抗压能力也强，绝对不会因为遇到一点儿挫折就寻死觅活，甚至手机被没收就要跳楼。你会发现，跟情商高的孩子沟通起来会非常轻松。为什么会这样？因为情商高的孩子，都具备以下特点。

1. 主动的行为

情商高的孩子会有很强的自觉性和主动性，不管做任何事情，都会有明确的目标，只要决定做一件事，就会有排除万难的勇气和自信，并有不达目的誓不罢休的气势。这样的孩子，即便他的智商普通，也会取得令人羡慕的成绩。

2. 长远的眼光

情商高的孩子会拥有长远的眼光，不管面对什么事，他都不会为了眼前的利益而进行无谓的纠缠，而是把眼光放得更远，他想得更多的是自己未来的目标。一个拥有高情商的孩子，即便看起来不那么聪明，但他却很有魄力和潜质。因为他拥有其他孩子难以具备的忍耐力、适应力、自信、可靠等优秀品质。

3. 稳定的情绪

情商高的孩子都拥有稳定的情绪，不管在任何情况、任何场合下，都能很好地控制自己的情绪，让自己的头脑始终保持冷静，充满理智，并能够抑制感情的冲动，克制急切的欲望，及时化解和排除不良情绪，使自己始终保持良好的心境、豁达的胸怀。一个情商高的孩子，懂得适当地调控好自己的情绪，遇到烦恼事时，首先想到的是如何去解决，并积极寻找各种办法，而不是做出一些极端的事情来。

4. 认识自己

情商高的孩子，能够经常自我反省，并从不同的角度了解自己、认识自己，从而做到客观地评价自己，对自己进行正确的定位。也就是说，一个情商高的孩子，能够很清醒地看到自己的优点和缺点，能够做到自信而不自傲，自知而不自卑。

5.尊重和理解他人

情商高的孩子，能够领悟别人的感受，尊重他人的意见，善于人际沟通与合作，所以在集体生活中，既能让别人折服，又能拥有极好的人缘，既容易得到老师的喜爱，又容易受到同学的欢迎和推崇。

孩子的情商是完全可以通过后天的培养而获得提升的，而且父母对孩子情商的培养越早，孩子就越容易接受并养成习惯，这是因为孩子在儿童期的可塑性很强，尤其是在12岁之前，是培养孩子情商的最好时机。

童年是培养孩子性格的关键期

性格是一个人典型的情绪反应，它决定了每个人对事物或他人的态度和行为的感觉基调，它推动人朝某一方向发展，因此，有"性格决定命运"一说。性格是情商的表现方式，情商是内在素养，需要以性格为载体，来被人感知到。一个性格好的人，也就是正确认知了自我并保持相对低调、充满爱心的人。充满爱心，也就是包容和大度，是个人和社会的关系问题，也就是一个人的情商。一句话说得好：心有多宽，思想就有多远。这更体现出情商对人的发展的重要性。人立世，能够很好地解决自身问题（性格）、社会关系问题（情商）以及处理问题的方法策略问题（智商），他肯定是一个对社会、对家庭有所作为的人。

俗话说"3岁看大，7岁看老"，说的是一个人的性格基本上都是在童年时期养成的。很多成功人士，往往在童年的时候就已经拥有很好的性格，所以才能在成长的过程中不断地创造机遇，从而拥有不平凡的人生。然而，孩子的天性就是玩，尤其是智能手机出现之后，孩子更容易上瘾，如果父母不警惕起来，让孩子整天抱着手机看，那么在孩子性格形成的关键期，就会错过塑造孩子良好性格的机会。

每个人都有自己的性格，而人的性格又分为许多种类型。例如：有内向的，也有外向的；有好静的，也有好动的；有急躁的，也有沉稳的；有细心的，也有粗心的；有果断的，也有多疑的；有开朗的，也有忧郁的；有乐观的，也有悲观的；有热情的，也有冷漠的……而且，一个人的性格，往往是许多种性格的复合体。比如一个孩子的性格是内向的，但他同时也是急躁的，还可能是多疑的。一个人的性格，往往有他的核心主体，也有一些其他方面的性格。

而性格对于孩子的生活、学习、工作等影响是巨大的。比如，在现实生活中处理事情时，往往要根据不同的事情、不同阶段的需要，采取不同的策略，这就需要我们用理智来控制和调节自己的性格，从而达到出奇制胜的目的。我们所熟知的《三国演义》中的"空城计"这个故事：司马懿就认定一贯小心谨慎的诸葛亮，不会冒险以空城面对自己，认为城内一定会有伏兵，因此决定放弃进攻，退兵而去。在这个故事中，诸葛亮恰恰是用理智调节了自己的性格，从而巧妙地利用了司马懿多疑的性格，顺利化险为夷。

由此可见，所谓完美的性格，就是能够理智地控制和调节自己的性格，根据客观的需要，采取相应的对策。那么，作为父母，应该如何来塑造孩子完美的性格呢？下面我们就从孩子的几个年龄段来分别谈一谈。

1.0~3 岁孩子的性格塑造

0~3 岁是塑造孩子性格的黄金时期。很可惜的是，许多父母认为这个年龄段的孩子什么事都不懂，跟他说什么都没用，所以除了偶尔逗孩子玩之外，并没有刻意对孩子进行性格方面的培养，结果错过了最佳的黄金时期，非常遗憾。

其实，即使孩子还不会说话，但孩子还是能够明白父母在说什么，并且能够看懂父母的表情。所以，从孩子刚出生的那天开始，父母就可以培养和塑造孩子的性格。那么，具体应该怎么做呢？方法其实也很简单，就是放下手机，多和孩子说话。尽管孩子还无法和父母对话，但他并不是什么都不懂，他只是在用"心"和父母进行交流罢了！可以这样说，父母多和孩子说话，对于孩子智力的开发以及性格的形成都是非常重要的。所以，作为父母，在孩子出生以后，就应该和他多说话，等到孩子1岁之后，逐渐学会走路了，父母就可以有意识地带他到一些场合，多见一些人，多长一些见识。这个时候，尽管孩子只是学会简单的发音，但可以引导他向所见到的人打招呼，这对于孩子良好性格的形成是非常有利的。

另外，孩子在3岁之前，虽然还不懂事，但父母还是应该不厌其烦地给他作引导，例如：孩子见到好吃的、好喝的，往往急于去拿，这时父母就要劝说孩子，不要急躁，慢慢来，等一切准备好后，再开始吃、开始喝，这样反复地去引导，孩子自然就懂了。

其实，一个人的性格到底是外向还是内向、急躁还是温顺、活泼还是安静……基本上都是在0~3岁这段时间形成的，父母一定要有意识地去培养孩子的性格，而且越早越好。

2. 4~8 岁孩子的性格塑造

4~8岁是孩子性格多变的时期。在这个时期，孩子所面临的环境开始有所改变，比如学习环境的改变，交往伙伴的改变，等等，这些都会影响孩子的性格变化。而在这个特别时期，父母应该着重培养孩子的心胸，让孩子学会关心别人，同情弱小群体。这样，不但可以培养孩子对生活的热爱以及对他人的热情，还可以让孩子拥有一个博爱的心胸。

我们经常见到这样的情况，家里来了亲友，父母担心孩子不懂事而扰乱大人的交流，所以常做的事就是把手机塞给孩子，让孩子自己去玩。这种做法其实是欠妥的，甚至是错误的。真正有心的父母，会在家里来客人时，利用这个机会，引导孩子有礼貌地招呼客人，这不仅是一个进行礼貌教育的机会，也是一个培养孩子热情待人的机会，如果忽略了这些教育，就有可能让孩子形成冷漠的性格。

有这样一个案例：一位小学一年级学生的家长，利用假期中的一天，让孩子邀请自己同班的十几个同学到家里来做客。他们先是租了一辆中巴车，分别把十几个孩子接到自己家，组织孩子在家做游戏，吃完午饭后又带他们一起看电影。最后，又分别把孩子们送回家。全天的整个过程，都由孩子出面，如何见同学父母、如何向父母说感谢的话、活动怎么安排，等等，完全由孩子主持。父母一律不出面，只管做好后勤工作。可想而知，孩子在这一天的活动之后，会得到极大的锻炼，良好性格自然也会得到锻炼和培养。

3. 9~15 岁孩子的性格塑造

9~15 岁往往是孩子性格的最终形成时期。这个时期，父母就要观察孩子在待人接物的过程中表现出的性格特点。例如，一个性格十分急躁甚至是暴躁的孩子，遇到事情时，基本上无法冷静思考并妥善处理。这时，父母应该耐心地帮助孩子分析，告诉孩子不管遇到什么事情，都要先冷静下来，因为只有冷静下来，才能对事物进行理性思考，最后找到正确的解决方法。

当然，有些事情可能比较复杂，对于一个只有十几岁的孩子来说，要让他妥善地处理，显然也是不现实的，更何况每个孩子的性格也是千差万别的呢！有的孩子比较坦率，遇到什么事，都能够直截了当地把自己的想法说出来，很坦然地对待这些事；有的孩子却不是这样的，他会把事情藏在心里，甚至会胡思乱想，不断猜疑。这也是孩子性格的复杂表现。所以，父母不妨抓住一些实例，教育孩子，不管是对人，还是对事，都要坦诚相待，不应该只凭主观去猜测，这不仅是思想品质问题，更是性格塑造的问题。因为孩子在 15 岁以后，他的性格基本上就形成了，之后如果没有遇到一些特殊的情况，性格是很难改变的。

另外，还有一个让很多父母头疼的问题，那就是孩子在性格上的执拗，他想干什么，或有一个看法，有一个主意，虽然是错误的，但不管父母怎样规劝，怎样说服，孩子都很难听得进去，也很难做出改变，继续抱着那种错误的想法不放，弄得父母一点儿办法都没有。对于这样的孩子，父母应该怎么办呢？

当孩子执着地坚持自己的意见和看法时，做父母的首先要冷静下来，仔细分析一下：孩子的想法中是否有某些合理的部分和因素，而不是一口否决，没有商量的余地。同时，要尽量避免无效的唠叨，要肯定孩子那些看法中合理的部分，然后再用商量的口吻，帮孩子找出那些想法中的不足之处。最后再明确地告诉孩子自己的想法，以及更合理的处理方案。当然，在说出自己的想法之后，要给孩子一个考虑的时间，相信大部分的孩子在得到父母的理解之后，都会做出正确的选择。如果孩子的选择和父母仍不一致，也不用太着急，不妨再寻找机会，多和孩子沟通。其实，父母的这种处理问题的方法，同样会潜移默化地影响孩子的思维和做事的方式，对孩子的性格起着榜样的作用。

培养自信，摆脱自卑

孩子之所以会染上网瘾，或沉迷于游戏，除了一时迷失，还有部分原因是自卑。自卑的孩子，为了避免自尊受挫，减少人际交往，手机可能成为他的最佳陪伴。培养自信，摆脱自卑，让孩子在与伙伴交往中获得价值感，是让孩子远离手机瘾的重要途径。

曾经有人问过居里夫人："您认为成才的窍门在哪里？"居里夫人很干脆地回答："恒心和自信心，尤其是自信心。"的确，自信心是进取的支柱，也是孩子走向独立的基础。自信心对孩子健康成长和各种能力的发展，有着十分重要的意义，尤其是幼儿期的自信，将会让他终身受益。

缺乏自信心的孩子，常常会有哪些表现呢？

（1）害怕面对新的事物，总认为自己缺乏能力，害怕失败，有沉重的心理负担；

（2）总是过分依赖父母，不敢独自面对事情，缺乏独立生活的能力；

（3）对日常生活中的一些变化感到不安和烦恼，没有足够的能力适应这些变化；

（4）有人提问时，经常低头不语，害怕面对他人的关注，总想躲开大家的注意；

（5）很难与伙伴建立友好关系，表现得很孤独；

（6）喜欢玩手机或看电视，而且容易沉迷其中。

那么，父母应如何培养孩子的自信心呢？

1.给孩子展示自己的机会

孩子成长需要一定的空间，他能在成长的过程中检验自己的能力，学会如何应付危险和突发事件。"不要为孩子做任何他自己可以做的事"，这是很多为人父母者很难做到但又必须做到的。如果我们过多地做了，就等于剥夺了孩子培养自己能力的机会，也剥夺了他们的自信心。有些年轻妈妈带孩子到公园玩，孩子在前面飞快地奔跑着，妈妈在后面着急地喊："宝贝，慢一点儿，小心摔跤！"孩子在秋千上荡来荡去，妈妈着急地喊："宝贝，慢一点儿，我来帮你。"虽然孩子这样很安全，但他却一点儿也不开心。妈妈对孩子的过分保护，会使他失去对自己的信心。当然这并不意味着可以撒手不管，必要的保护和引导是一定要有的。

2. 让孩子感受成功的喜悦

培养孩子的自信心就要让孩子不断地获得成功的体验，过多的失败体验会让孩子对自己的能力产生怀疑。因此，父母应根据孩子的发展特点和个体差异，提出适合其水平的任务和要求，确立一个适当的目标，使其经过努力能够完成，目标应当是让孩子"踮着脚够得着"。父母切忌将目标定得过低，以至于不用跳起来，就能够轻易拿到，那会伤害孩子的自尊，让孩子感觉自己的能力不被父母认可；也不能将目标定得太高，这样会导致孩子连连失败，最终使他的自信心受挫。一个在游戏中总做不好的孩子，很难把自己看成是成功的人，他的自信会减少，并因此不愿再去尝试。越是不努力，就越是做不好、越是不自信，这样就形成了恶性循环。父母应帮助孩子完成他想做的事。另外，对于缺乏自信心的孩子，父母要格外关心。对胆小怯懦的孩子，要有意识地让他们在家里或班级里担任一定的工作，让其在完成任务时变得大胆、自信。父母一定要尊重和信任孩子，切忌包办代替，更不可打击、讽刺，而是要看到孩子之间的个体差异，对不同的孩子要区别对待，不搞"一刀切"，让每个孩子都有获得成功的机会，这对孩子自信心的树立会很有帮助。

3. 帮助孩子发现自己的闪光点

父母要帮助孩子，将审视自己的视线从学习方面扩展开，这对于学习成绩暂时落后的孩子来说尤为重要。培养孩子的一技之长，给孩子一个自我欣赏的理由，这对孩子自信心的树立大有好处。如果你的孩子没有特别的天赋，就教他如何爱人，如何与人合作，这也是孩子应具备的宝贵品质。

一个人只要有成功的决心和信心，就能保持最佳的状态，就能把全部精力集中到所要追求的目标上。只有坚信自己能成功的人，才会取得成功。相反，如果没有努力的方向，觉得自己做什么都不行，就会使精神压抑。在这种情况下，大脑就会变得麻木起来。所以，在孩子努力拼搏，尽力向成功的顶峰攀登时，父母要多给孩子一些鼓励，告诉他们不要幻想把自己变得完美无缺，只要肯尝试和努力，就能体会到无穷的乐趣。

4. 告诉孩子"你很棒"

我们经常可以看到这样一种情况：有的孩子平时很努力，别的科目学习成绩都不错，但某一科的学习成绩却始终难以提高。这是为什么呢？有的人可能会说是这孩子脑子不够聪明，但如果真是脑子不聪明的话，其他的科目为什么能够学好呢？那么，是这门功课太难了吗？

心理学家对此进行了研究，结果发现，并不是因为脑子笨或某一门功课特别难，而是由于有的孩子自认为学不好这些功课。试想一下，在这种心理暗示作用下，孩子对学习会采取主动的方式吗？当然不会，所以每次上这门功课时，他除了等待下课铃声的响起之外，根本没什么事可干，他连学都没学，成绩又怎能好得了？

心理学家的研究结果明确地告诉我们，这些所谓"学不好的功课"，其实只是自己吓唬自己而已。在心理学里把这种情况称为"消极心理暗示"。

那怎么办呢？办法当然有，而且很多，但重要的是必须让孩子采取积极的心态，变被动为主动。只要能做到这一点，这种消极的心理暗示便会不攻自破。比如，可以让孩子面对镜子，大声唤着自己的名字，然后对着镜子中的自己说："你一定能行！你是最棒的！"也可以经常用坚定的语气对孩子说："没有人比你更聪明，你并不比别人笨。他们能学好这门课，你也行！"然后帮助孩子找出那些致命的弱点，对症下药，你很快就会发现，横在孩子面前的那只"纸老虎"原来竟是那样的不堪一击。

这种反复强调的方法虽然看似简单，却是妙用无穷。它可以在孩子的心中产生一种直接的激励，并使之逐渐渗透于内心，引起心灵强烈的共鸣，从而让孩子获得一往无前的勇气和必胜的信心。事实也一定会证明：你的孩子真的很棒！

总之，家长应该刻意创造培养孩子自信心的环境，让孩子在潜移默化中自信起来。平时遇事常对孩子说一些鼓励的话，比如"妈妈想你一定能行""你肯定能做得不错"，等等，因为孩子的自我评价常常依赖于成人的评价，父母以肯定与坚信的态度对待孩子，才会让孩子在心里认为，别人能做到的，自己也能做到。而当孩子的自信心被激发出来之后，他是没有时间看手机的，因为还有很多事情需要他去做，而且他也喜欢做。

越勇敢，越优秀

现在的孩子好多都是独生子女，很多孩子在家中受到父母和长辈的百般呵护，成为家中的"小皇帝"，养成以自我为中心的性格特点。这些孩子一旦离开家庭和长辈的呵护，就会产生焦虑和不安全感。这种焦虑感会使得他们在遇到困难时变得消极、犹豫、恐惧、懦弱和胆怯，这种不安全感还会使他们产生不自信的心理，总认为自己体质弱、技能水平低，错误地夸大了困难的程度，最终使他们选择退却和放弃，然后把所有的精神都寄托于虚拟的网络中，有的甚至因此而走向不归路，这实在是非常遗憾的事情。

我们知道，凡是把精神寄托于虚拟世界中的人，往往都是对现实生活充满了失望、无奈，甚至是恐惧。而一个勇敢的人，是不会让自己整天沉迷于虚拟世界当中的，因为现实中还有很多的事情需要他去做，而且在他看来，现实的世界远比虚拟的世界更加丰满、更加精彩、更容易获得成就感。所以，当我们把孩子的勇敢精神培养出来之后，孩子自然就不会再迷恋手机了。

那么，父母应该从哪些方面入手，才能真正培养出孩子的勇敢精神呢？

下面的几点建议，不妨参考一下。

1. 让孩子多进行户外活动

到户外活动，是每个孩子成长过程中一项很重要的内容，否则孩子就无法真正地长大，更不用说具备勇敢的精神了。要想磨炼孩子的毅力，提高孩子的竞争能力，父母就必须让孩子走出家门，尽可能多地参加户外活动，比如爬山、滑雪、打球，等等，甚至只是跟同龄的孩子一起相互追逐打闹也可以。总之，父母要鼓励孩子多参加体育运动，多与小朋友交往、玩耍，这样才能使孩子的性格越来越开朗，而且越来越勇敢。

2. 给孩子讲英雄的故事

几乎所有的孩子都喜欢听故事，有些故事甚至百听不厌，而且，每个孩子几乎都有英雄情结，所以父母可以因势利导，多给孩子讲一些英雄的故事。这些故事孩子不但喜欢听，还会在无意中拿自己和故事中的英雄人物进行比较，甚至把自己当作故事中的主人公。在这样的潜移默化中，孩子自然就能够从英雄人物的身上学到勇敢精神。

3. 赞扬孩子的勇敢行为

当孩子在日常活动中，表现出勇敢的行为时，父母要及时给予表扬。如果孩子在活动中不慎受伤，父母千万不要大惊小怪，也不要表现出过分的心疼和害怕，只需依据孩子的受伤程度处理好伤口，然后再平静地告诉他，为什么会受伤，以后需要注意什么，如何避免受伤及受伤后应如何处理，等等。当然，在赞扬孩子的勇敢行为时，父母还要教孩子学会对活动的危险程度进行判断，学会避免危险，尽量杜绝莽撞的冒险行为。也就是说，父母要培养孩子胆大心细的行为和能力。

当然，培养孩子的勇敢精神，说起来容易，做起来却相当困难。首先，对父母来说，也是一个考验。毕竟，所有的父母都非常疼爱自己的孩子，都想让孩子平平安安地长大，不愿让孩子受到任何伤害，但如果因为爱孩子而不舍得让孩子去接受磨炼，那么对孩子的成长是十分不利的。因为孩子在小时候养成的一些习惯，往往会决定他的性格，而孩子的性格将会决定他的一生。所以，从现在开始，让孩子在日常生活中去经受锻炼吧，这样才能让孩子在锻炼中变得勇敢，在勇敢中变得坚强。

共情力——高情商的奠基石

孩子离不开手机，沉迷于手机里的虚拟世界，有时候是因为孩子心中只有自己，无法进入多元的人际关系中，或者在人际交往中，无法理解他人的感受，不懂别人的喜、怒、哀、乐，而导致交往困难，只好逃避到手机中，手机成为孩子的安全岛，但是，也成为困住孩子自由和未来的孤岛。

共情力，是指一个人能够对他人的独特经历做到真正理解，并做出相应回应的能力。共情力，一方面可以产生理解力、同理力，另一方面也可以促使个人做出一些利他主义的行为，"因为痛着你的痛，悲伤着你的悲伤"，所以愿意牵着"你的手"，为你付出所有，就像感动中国的英雄们，都有着很深的社会情怀和强烈的社会责任感。试想，一个孩子如果可以感受他人的苦、痛，并愿意付出自己的爱心，这个孩子的人际关系会怎样？是否还会沉迷于手机而不思进取呢？

共情力并不是天生的，需要父母精心的培养与引导。在对孩子的教育方面，最大的成就是看其自身的品格是否端正，在帮助他人的情况下也能很好地保护自己。

卢梭曾经说过："在这个世界上，最无效的教育往往是：讲道理、发脾气和刻意制造感动。"

而通常最有效的教育是，积极正确地与孩子建立起感情联系，切实体会到孩子的感受，因此父母最需要学习和掌握的能力，就是共情力。

共情力的核心首先就是换位思考。一旦孩子懂得站在对方的角度看待问题，那么就自然而然能够理解对方的所作所为，就能够给出更恰当的处理方式。

那么，孩子的共情力需要如何培养呢？

1. 学会倾听

父母能够做到倾听孩子的心声，孩子才会学会倾听他人。培养孩子共情力的过程中最首要的就是要让孩子学会换位思考，耐心倾听他人的内心独白。父母在与孩子交流过程中，要对孩子的表达多提问题，适当反馈，让孩子感受到父母的耳朵在，心也在。

2. 学会理解

父母在与孩子互动中，要学会理解孩子的情绪，以及情绪背后的渴望。同时还要引导孩子理解、体恤父母的情绪、感受，这样孩子才能慢慢学会理解他人并提供恰当的帮助。

3. 学会表达爱、道歉、原谅

人际关系，是心与心的距离，内心的感受、情感需要准确地表达出来，才能被理解，被懂得。有些家长自己都信奉"我不说你就应该懂"的理念，总是要别人猜猜猜，猜不对就生气。长期受到这样的影响，孩子自然也就不擅长表达，在人际关系中也会经常感到被拒绝、被孤立。这些问题，从表面上看，是别人不懂自己，实际上却是自己无法懂得自己，更加无法共情别人。此外，在人际交往中，难免会产生误会，如果能够学会道歉、原谅，也是高情商的表现。

4. 少做绝对化的判断

共情力，是我可以站在你的角度理解你，并给予你想要的支持。切忌在养育孩子的过程中经常把"都是为你好""我觉得""你应该"等挂在嘴边。

尊重孩子的自我意识、尊重孩子独立的需求，杜绝片面化、绝对化、灾难化，孩子才能学会尊重他人，学会换位思考，而不是在人际关系中常常以自我为中心。

这样具备人文情怀，能够想他人所想，做他人想做，具备以天下为己任理念的高情商孩子，也一定会是远离手机瘾的孩子。

父母小思：孩子的情商也很重要

在我们传统的家庭教育观念中，很多父母都十分重视孩子智力方面的培养，也就是过多地关注孩子的学习成绩，却忽视了孩子的情绪管理，以及人际交往方面的培养。这一点可以说是家庭教育的一大误区。

现在的孩子，终将成为未来世界的主人，他们将承担起未来社会发展的重任，这就需要他们有足够的能力去应对未来社会的各种难题。而所谓的能力，除了要具备相应的智商，还要具备一流的情商，将两者结合起来，才是真正的智慧。而现在的孩子，可以轻松地应对科技的快速发展，熟练使用手机、电脑及各种互联网产品，从这一点来看，他们的智商是完全没有问题的。但是，孩子在成长的过程中，是否能够拥有健全的心理和健康的生活，这就很难说了。而且，从孩子们当前对电子产品的依赖程度来看，大多数孩子的情商并不高。

美国心理学家丹尼尔·戈尔曼认为，情商的基本模式分为自我意识、自我管理、社会意识以及人际关系四大类型[①]。在这四大类型中，前两种以"自我"为主，也就是提升自己的综合素质；后两种以"社会"为主，也就是所

---

① ［美］丹尼尔·戈尔曼 著；杨春晓 译. 情商（实践版）. 北京：中信出版社 .2018.

谓的社交。由此，我们不难看出，情商高的孩子，就算他的智商不是很高，他与这个社会的相处仍然会很和谐，无论走到哪里都会受到欢迎；而情商比较低的孩子，尽管是学霸，但由于他在人际关系和社会意识方面比较薄弱，也可能在社会上四处碰壁，很难有一个好的发展前途。

由此，我们便不难得出结论，情商高的孩子，他一定能够与手机和谐相处，既不会视手机为虎狼，也不会沉迷其中，而是该用的时候就用，不该用的时候就不用。

父母行动：培养孩子情商小贴士

（1）我们对他人（和生活）的认知，可以让我们更清楚地看到的不是他人，而恰恰是我们自己。

（2）跳出自我的小世界，可以更好地观察和认识自己。

（3）体验而非去思考你的感受。

（4）感受表达了需要被认可的深层需求。

（5）如果我想让别人满足我的需要，我要能够表达自己的需要。

（6）表达我的需要是让自己得到满足的最好方法。

（7）一个人的行为并不代表他一定是个什么样的人，我可以不喜欢那个人的所作所为，但我还是可以选择尊重他。

（8）不管我想到和感受到什么，都是我选择的。

（9）我是我现实生活100%的创造者。

（10）我们可以有不同的观点，但仍然可以互相倾听和认可。

（11）我要像倾听他一样多地去倾听我自己。

（12）想法和信念的品质能够决定我的生活质量，以及发生在我身上的事情。

（13）我值得拥有最好的。

（14）我有一个身体，但我不是我的身体；我有感觉，但我不是我的感觉；我有想法，但我不是我的想法。

（15）任何积极的目标，我都可以通过努力达到。

（16）没有失败这回事，只有经历和体验。

（17）我拥有内在资源去实现我为自己设定的目标。

（18）每天早上起床时，我说出今天对自己肯定性的断言。

（19）得到最差的还是最好的结果，都取决于我。

（20）生活中的每个挑战都有意义。

手机：是我，拦住了你对情绪的应对

孩子，生活中难免遇到挫折、困难、误解。当你感到沮丧、难过、痛苦、愤怒，想与世界隔离的时候，你可以在我的身边休息。我永远是你忠实的朋友，但我不能成为你唯一的朋友。我没有主动思考的能力，不能给予你真正需要的理解和关怀，不能真正解决你的情绪问题。而这些情绪，迟早会以其他形式出现在你未来的路上，成为你的情绪障碍。所以，希望你可以相信你的家人、老师、伙伴或者专业人士，让他们帮助你觉察情绪、识别情绪、应对困扰。

第五章
让孩子爱上学习，
让手机成为工具

导读：学习管理

　　我国曾对青少年群体的智商进行过统计研究，研究报告显示：智商低于90或高于130的学生，所占的比例不到2%，绝大多数孩子的智商水平都在常规范围之内。由此可见，绝顶聪明的孩子，只占1%左右；特别笨或者智障的孩子，也只占1%左右；大多数的孩子，都是普通的孩子。而学习的目的，就是让大多数原本普通的孩子不再普通，甚至成为各个领域的专家。事实也确实如此，一些被视为天才的人，他们的智力水平实际上和普通人并没有什么差别，甚至有的还远远低于平均水平，但他们所取得的成就，却让世人刮目相看。19世纪德国的天才卡尔·威特，9岁时就能够自如地运用德语、法语、意大利语、拉丁语、英语和希腊语这六国语言；同时还通晓动物学、植物学、物理学、化学，尤其擅长数学。他10岁考入哥廷根大学，14岁被授予哲学博士学位，16岁获得法学博士学位，并被任命为柏林大学的法学教授，23岁时出版了《但丁的误解》一书，成为研究但丁的权威……但是，我们能够想象到吗？卡尔·威特获得如此惊人的成就，并不是由于他的智商有多高——恰恰相反，在他刚出生时，就被认为是一个先天不足的痴呆儿——而所有这些成就的获得，和他父亲的教育以及家庭的成长环境有关。

　　孩子聪不聪明，并不足以决定未来学习和发展中所获得的成就，也无法决定对某些学科的兴趣，孩子智商高低，其实仅仅起到一个参考的作用，绝对不能以此来断定孩子能否成才。打个比方，一个孩子的智商很高，但如果他整天沉迷于手机游戏中，那么他的学业迟早会荒废，最终可能一事无成；而一个智商一般的孩子，如果他能够对学习产生浓厚的兴趣，并杜绝那些低级趣味，那么他的潜质就会被源源不断地开发出来，最终成为学霸，乃至天才。

培养孩子的学习兴趣

　　要想让孩子断绝手机游戏，最简单有效而且彻底的办法，就是培养孩子的学习兴趣。我国古代伟大的教育家孔子曾说过："知之者不如好之者，好之者不如乐之者。"可见，在学习方面，兴趣就是最好的老师。当然，有好的兴趣，也有不好的兴趣，比如沉迷于手机游戏，就是不好的兴趣。而培养孩子的学习兴趣，就是用好的兴趣去克服不好的兴趣。

　　父母应该如何去培养孩子对学习的兴趣呢？一般来说，可以先从孩子感兴趣的东西入手，逐渐引导他对学习产生兴趣。比如，有的孩子喜欢故事，不管是听身边的人讲故事，看图画书上的故事，还是看电视里播放的故事，他都会很专心，还不时要问为什么。当遇到不认识的字时，他会专心地看，表现出很想认识它的欲望。这时，父母一定要抓住机会，认真回答他提出的"为什么"或"是什么"，及时教他认识这些字。当孩子学会拼音和一部分汉字时，对于自己喜欢的故事，孩子会津津有味地边拼边读，甚至边猜边读。这时，不管他读得是流利还是结巴，是不是有读错的地方，父母都要先给孩子肯定和赞赏，再耐心地给予指点。孩子自然就会得到极大的自豪感，不厌其烦地读下去，这样，他就会慢慢对书本产生兴趣。随着孩子年龄的增长，父母还可以启发和鼓励孩子把自己看到的、听到的事物讲出来、画出来，或者根据书里的内容和孩子进行对话、提问，甚至做游戏，在这样宽松、愉快的学习环境中，孩子自然会受到启迪，并逐步养成主动学习、主动探索知识的兴趣和习惯。

我们作为家长，在培养孩子的学习兴趣时，可以通过孩子的某一项爱好，点燃孩子对学习的兴趣。同时，在培养孩子学习兴趣的过程中，还应注意以下几点。

1. 增强孩子的学习快感

快乐的事，大家都愿意去做。正如孩子喜欢玩手机一样，因为手机给孩子带来了乐趣，尽管这种乐趣是暂时的，甚至是虚假的，但至少孩子在当下就享受到了这种乐趣。父母在培养孩子的学习兴趣时，也应该遵循这个道理。只有让孩子感受到学习是一件快乐的事情，他对学习的兴趣才会被激发出来。父母可以通过引导、评价、激励等手段帮助孩子，尽量避免学习过程中的"苦"，让孩子在学习过程中体会到无穷的"乐"。那么，父母应该如何引导，才能让孩子觉得学习是一件快乐的事呢？

（1）多一些表扬，少一些批评。作为孩子的父母，我们要善于发现孩子的优点和长处，并及时表扬。如果父母只看到孩子的缺点，总是抱着"恨铁不成钢"的态度，动不动就对他说"你就是笨，连这点儿事都办不了"或"你看看人家，多有出息"之类的话，往往会导致一块"好钢"在不断的批评中渐渐"钝化生锈"。"反正我就是很差，怎么做都是错，怎么做你们都看不上，又何苦努力呢？"孩子在这样的心态下，就会开始厌学，甚至讨厌父母。这样的结果，又岂是我们所希望看到的呢？

（2）多一些鼓励，少一些打击。很多时候，孩子取得了成绩，父母脸上会"阳光灿烂"，而一旦孩子出现失误，就会一阵"疾风骤雨"。殊不知，失误的时候，孩子最需要的是鼓励和安慰。要培养孩子学习的兴趣，增强孩子对学习的快感，父母一定要更多地给他鼓励和信任，一句"妈妈相信你，肯定没有问题"，可能比唠叨半天效果更好。当然，父母还要注意让孩子量力而行，提醒孩子适当休息。对于一些特别贪玩、调皮的孩子，则更应该因势利导，可以先陪孩子玩一会儿，再对他说："宝贝，歇一会儿吧，先去做功课，等做完了功课，就可以玩得更开心了。"这样，孩子一定会高高兴兴地投入学习，哪里还需要父母强制读书和写作业呢？

（3）多一些关注，少一些冷漠。当孩子解答出一道难题时，或当孩子经过自己的探索，得到对某种现象的结论时，父母一定要与孩子分享他的快乐。哪怕你正忙得不可开交，也一定要向他表达你的祝贺。要让孩子知道，父母在关注着自己的点滴进步，遇到困难时，自己不会孤军作战。然而，常有父母忽视了这一点，当孩子兴奋地报告自己攻克了一道难题时，他们却由于忙着其他的事情而简单敷衍："知道了，你赶紧写作业去吧！"这冷漠的态度很可能会给孩子泼一头冷水，让他的学习热情即刻降温。

2. 明确孩子的学习目的

学习动力来源于学习目的。只有帮助孩子树立正确的学习目的，才能让孩子产生强大的学习动力，并在学习的过程中发挥出自己的潜力。另外，明确学习目的是培养孩子学习兴趣的间接手段，父母可以通过把学习目的与生活目的、理想目标联系起来，激发孩子的学习动力，同样会收到比较明显的效果。例如，孩子对背外语单词不感兴趣，但对学好外语后可以用外语与外国朋友交流、参加各项外语活动感兴趣，这种兴趣便可以促使孩子对背单词产生一种紧迫感。

3. 为孩子创造良好的学习环境

只有肥沃的土壤才能长出好庄稼，只有良好的家庭环境才可能培养出优秀的孩子。因此，父母一定要注意为孩子创造良好的学习氛围。比如，可以给孩子买一些适合其心理发展特点的书，像一些简化本的文学名著或一些注重激发孩子想象力与创造力的科学童话、科幻小说等，丰富孩子的学习内容，开阔孩子的视野。

此外，还应该给孩子一个安静的学习环境。孩子学习时，尽量不要打扰。有些父母非常关心体贴孩子，在孩子学习时，一会儿送一个水果，一会儿送一杯水，殊不知，这样的体贴反倒不利于孩子的学习，不但容易打断孩子的思维，甚至会使他心烦意乱。另外，让孩子多与热爱学习的同龄人接触，也利于良好学习环境的建立，让他受到积极向上的小伙伴的影响，会更容易使他对学习产生浓厚的兴趣。

此外，正所谓"身教重于言教"，父母也热爱学习，本身就是对孩子最大的鼓励和引导。在学习气氛浓厚的环境中长大的孩子，往往对学习有着浓厚的兴趣。我们无法想象，如果父母一边督促孩子努力学习，一边又通宵达旦地打麻将或玩手机，又怎能保证孩子专注于学习而不效仿自己呢？如果父母经常读书、学习，时常端坐在书桌前，或查阅资料，或伏案疾书，那么我们可以肯定，不用你苦口婆心的说服或粗暴的强迫，孩子自然就会好好读书学习。

引导孩子进行自主学习

孩子之所以贪玩，尤其是手机不离手，很大的一部分原因，是没有自主学习能力。所谓的自主学习能力，就是让孩子按照自己的想法和心意，根据自己的喜好、水平和行为方式，独立地接触信息，获得经验，提升认识，然后自主发展。可以说，自主学习是使孩子身心获得自由、全面、和谐发展的学习方式。作为父母，我们应该本着"让孩子成为学习的主人"的理念对孩子进行引导。

　　有一位父亲，在孩子上幼儿园的时候，发现孩子很喜欢画画，而且画得还挺好，于是他便萌生了让孩子成为一名画家的梦想。在这个梦想的驱动下，父亲马上就让孩子从幼儿园退学，然后迫不及待地把孩子送到专门的书画班学习。等孩子稍微长大些之后，更是带着孩子到处寻找名师，希望能够找到一位大画家来教自己的孩子。然而，折腾了几年之后，这位父亲却发现，孩子不但对画画失去了兴趣，甚至开始反感起来。而此时，孩子即将小学毕业，由于几年来被父亲逼着将大量的时间用在画画上，所以几乎没有多余的精力用来复习功课，导致他的学习成绩始终在全班的下游徘徊。这下，那位父亲开始犯难了，既然孩子已经对画画产生了反感的情绪，那么即使逼着他继续画下去，也是浪费时间，弄不好还会使亲子关系出现无法弥补的裂痕；而孩子在学校的学习成绩，更是让他不知如何面对……

　　在这个案例中，父亲因为孩子的兴趣而产生了梦想，然后将自己的梦想强加给孩子，结果不但剥夺了孩子美好的童年，同时也将孩子的兴趣扼杀在萌芽状态，实在是一件很可惜的事。其实，那位父亲如果能够顺其自然，或者不那么着急，先带孩子去参观一些书画展览，观摩书画名家的作品，让孩子逐渐接受书画艺术的熏陶，那么孩子也许就能够从刚开始的随意涂鸦，逐渐对绘画产生兴趣。到那个时候，再让孩子参加一些专业的美术培训班，那么孩子对画画的兴趣，也许就真的会越来越大，最后说不定真的能够成为一名大画家。即使不能成为一名专业的画家，至少也有极高的审美水平。然而，孩子的兴趣一旦被扼杀，那么所有的一切，也就无济于事了。

　　所以，当我们发现孩子的兴趣之后，千万不要急着期望他能够成名成家，而是先保护他的兴趣，然后引导他朝着自己的兴趣自主学习。其实，作为一个独立的人，每个孩子的发展都与众不同，而自主学习就是承认孩子的个性，并鼓励孩子发扬其独特性，所以自主学习实际上也应该是孩子学习的主要形式。

那么，父母应该怎样引导孩子进行自主学习呢？

培养孩子的自主学习能力，首先要尊重孩子是独立的个体，有自己的智慧和成为最好的自己的强烈愿望，家长是资源、是陪跑、是环境，而不是学习的主体，不能事事安排、面面控制，这就要求父母能够做到以下几点。

1. 相信孩子能够自己学好

相信信任的力量，当我们相信孩子，给孩子坚定、信任的目光时，孩子就可以坚信自己可以、能够，而不是每迈一步，都怀疑自己是否会做错、是否会被苛责、是否会被挑剔。试想一下，我们是如何走到今天，如何成为今天的自己的？我们想要怎样的支持和陪伴，是要信任还是要人不断地在身边指点、干涉、控制？我们就可以理解，"信任"对于孩子的"自主"是多么重要。

2. 让孩子享受到自主学习的乐趣

无论孩子选择玩游戏、看电影还是看书、做作业，家长都用欣赏的目光、鼓励的言语，让孩子体会到自主学习的乐趣，而不去强行把娱乐归类为不务正业，其实生活中处处皆学习，学习是一种丰富多彩的体验，有的学习教会我们愉悦自己；有的学习让我们有强壮的身体；有的学习开阔我们的眼界；有的学习让我们学会交流、互动；有的学习让我们学会面对生活的艰辛，所以，拓展学习的内涵与外延，让学习成为孩子人生的滋养，孩子也就会养成自主学习的习惯。

3. 家长学会放手，让孩子学会独立去飞

当孩子还小，刚入小学时，这个时候，需要家长协助养成做作业、复习预习的习惯，但是到了二三年级，或者更高年级时，就应该逐渐放手了。不然孩子的依赖心理太强，很难养成自主学习的习惯。

4. 尊重孩子的选择

很多家长担心孩子选择错误，对孩子要吃什么饭、穿什么衣服、读什么

书、交什么样的朋友，等等，都要干涉。殊不知，是我们在"走孩子的路，让孩子无路可走"，孩子"无路可走"的时候，还有走的动力吗？自主性没有了，自主学习又从何而来？在日常生活中，应该多听听孩子的意见。例如周末去哪里玩，需要报什么兴趣班，等等，培养孩子的主见和自主选择的能力。

5. 引导孩子树立正确的学习观

学习其实是孩子自己的事情，但很多父母往往带给孩子一些误导，以买玩具、带孩子出去玩、吃美食等作为让孩子学习的交换条件。这样一来，孩子会错误地认为他学习是在为父母而学，只要父母不监督，能偷懒则偷懒。因此，父母应该想办法改变这种现状，让孩子理解学习是他自己的事情，学到的知识也是他自己的东西，任何人都不能代劳。父母平常给予孩子任何东西，都是因为孩子需要，或者是希望孩子开心，而不是学习的交换条件。

当然，在注重孩子个体发展的同时，也不可忽视孩子们之间相互影响、相互交流、相互协调、相互促进的作用。由于孩子们的心智同处于一个发展阶段，因此，他们的想法是相通的，比较容易相互理解。促进孩子们之间的群体自主学习，同样也是培养孩子的自主学习能力。所以，父母应该让孩子融入属于他的群体中，形成群体自主学习的方式，让孩子的自我协调和自我控制能力得到不断的提升。

帮助孩子缓解学习压力

俗话说："少年不识愁滋味。"在成年人看来，天真无邪、可爱快乐和富于幻想是孩子们的专利，在他们的世界里，应该不知道什么是忧愁、烦恼和压力。可曾几何时，孩子们那充满欢快的笑声逐渐消失了，脸上的笑容不见了，取而代之的是焦虑、疲倦、烦躁、压力，等等。难道现在的孩子，一生下来就注定要面临压力吗？

或许你觉得生存压力太大了，如果不让孩子从小就学习各种知识、技能，并对他提出严厉的要求，那么他以后就无法在这个社会上生存下去；或许你觉得父母应该把所有的精力都用来教育孩子，这样才能确保孩子能够适应社会的发展；或许你认为只有给孩子施加压力，才能让他对学习产生动力……其实，你希望孩子好好学习没有错，只是在教育孩子的过程中，如果不采用正确的方式和策略，就会陷入早期教育的误区，让孩子在重压之下丝毫感受不到学习的乐趣。此时，孩子一旦接触智能手机，就会发现，原来手机真是"别有天地"，手机不会约束自己、苛责自己、给自己那么多要求，于是不由自主地沉迷其中，尽管他也意识到玩手机对自己的学习没有任何帮助，但至少能够得到片刻的轻松，而且手机比自己的父母更懂得自己的心。

如果父母发现孩子出现焦虑、狭隘、孤僻、哭泣、睡眠不足、故意破坏、说谎、欺骗、食欲不振等现象，说明孩子的内心已经有了很大的压力。这个时候，父母一定要主动、积极地引导孩子，帮助他摆脱压力的困扰。

那么，父母该如何帮助孩子缓解学习过程中的压力呢？

1. 用心沟通，促进表达和宣泄

沟通的目的，就是让孩子把心中的压力排解出来，而不是让孩子把压力藏在心里。所以，家长一定要想办法，创造机会让孩子表达自己的情感。孩子在吐露心声的时候，家长也不要急于发表自己的意见，要多听少说，做大耳朵小嘴巴，让孩子说出来，以便了解孩子的心理状况。

如果孩子担心考不好，家长尽量不说诸如"不要紧张，千万别紧张"或"没关系，尽力就行了"之类的话语，这样可能令孩子的自尊心和自信心都受挫，家长只要认真地听孩子说就可以了。

2. 了解压力的根源

了解孩子心理上有什么压力，以及压力从何而来，它的源头在哪里。然后，才能了解孩子心理压力的真实情况，才能有针对性地帮助孩子摆脱困扰。有时候，孩子会因为自己和别人不一样（比如，不和别人一起逃学、作弊、抄作业等），而受到其他同学的排斥，甚至会被孤立起来，这种情况往往会让孩子感到恐惧、不知所措，进而形成压力。这时，父母应当教导孩子坚持原则，让孩子知道，能够做到不随波逐流也是一种勇敢的表现，更是一种有主见和聪明的表现，让孩子树立起明确的是非观和价值观。另外，如果发现孩子出现慌乱、恐惧的信号——受惊的目光、动不动就哭、举止异常时，父母应该对这种异常情况予以重视。父母可以和孩子一起安静地坐下来，轻抚孩子的头，或搂着他，用温和的口吻对他说："我们可以谈谈吗？"或者"你有什么担心的事吗？"父母这样的问话，一方面表明父母对孩子的尊重，另一方面也表明父母对孩子的殷切关爱。只要孩子把自己"最害怕的事"说出来，问题就已经解决一半了，因为这个时候，孩子的压力已经得到了缓解。最后，父母再根据实际情况帮助孩子进行解决，或鼓励孩子勇敢地面对，即可达到"大事化小，小事化了"的目的。

3. 从细节中发现孩子的压力

童年时期的孩子，心中一般不会藏有什么秘密，所以当他的心中有压力时，大多数情况会从表情、动作上表现出来。如果你是一位细心的家长，对于孩子的这种变化，应该是不难发现的。这个时候，你便可教给孩子一些自我排解压力的方法。例如，让孩子做一些平时自己喜欢做的事情，或玩一些平时喜欢玩的游戏；可以给孩子一些纸与笔，让他随心所欲地涂鸦；还可以带孩子出去郊游，使其身心与大自然相互融合。

4. 与孩子一起分享快乐

相信父母都懂得这样一个道理：一份快乐由两个人分享会变成两份快

乐，一份烦恼由两个人分担会变成一半烦恼。那么，我们为何不和孩子一起分享生活中的快乐呢？懂得分享的孩子是快乐的，遇到烦恼时，他会主动让别人来分担他的烦恼。因此，作为父母，不妨从创造分享环境和培养孩子的分享意识入手，和孩子一起分享快乐。父母可以经常以游戏的方式，为孩子创造分享的环境，因为游戏是孩子最喜欢的活动，游戏中的轻松愉悦和融洽的气氛，会使孩子很快地融入角色，并学会如何与别人分享。

这个时候，父母可以适时地表扬孩子，因为表扬和鼓励是培养孩子分享意识和行为的重要手段，它可以让孩子的积极行为得到强化和巩固。当孩子能与别人分享或有小小的进步时，父母及时地表扬，会让他觉得自己的行为可以让父母如此肯定，孩子在分享的过程中逐渐感受到快乐，自然就会产生再次分享的愿望。这样，当孩子再次遇到同样的情况时，就会很容易回想起上次的情境，进而采取积极的分享行为。

5. 用自信去化解压力

孩子的自信源于早期与父母接触和交流的结果，当孩子在使用各种方法来取悦父母、吸引父母的注意、得到父母的赞美时，他的自信心就会形成并逐渐发展。拥有自信的孩子是充满魅力的，自信会让孩子同时具有从容不迫、果断、宽容、谦虚、亲切、勇敢、创新等一系列优秀的个性品质，而且，孩子是否能够拥有自信心，直接关系到日后走上社会，在事业上是否具有创造力和持久性，以及对工作和生活是否有热情和积极性。孩子自信心的形成与发展，是靠父母用"夸奖"培养出来的。因此，父母在教育孩子的过程中，一定不要忘了多多夸奖孩子。

6. 运动、娱乐是最好的增加多巴胺、缓解压力的方法

运动可以使全身肌肉放松，能够使大脑分泌内啡肽，而内啡肽其本身便属于缓解压力的激素。所以，适当的运动可促进激素分泌，缓解心理压力较大、烦躁等状态。当然，需要注意的是，日常运动量不宜过大，建议每周进

行 2~3 次运动、每次运动大约 30 分钟就可以了。

　　总之，童年时期的孩子，由于心智尚未成熟，虽然心理波动比较大，却具有极强的可塑性，正是挖掘其潜力与培养良好习惯的大好时机。因此，父母一定要把握好培养孩子性格的关键期，寻找适当的时机让孩子展示自己的能力，从小树立自信、自尊和自强的优良品质。

从 "我要玩" 到 "我要学"

　　对于孩子的学习，虽然父母和老师采取了各种各样的办法，鼓励、奖励，甚至是逼迫、威胁、恐吓等方式都用上了，但仍然收效甚微。究其原因，是因为父母和老师的做法，往往给孩子以 "给我学" 之感。而在禁止孩子玩手机这方面，父母和老师也是想尽各种办法，但仍然屡禁不止。之所以会这样，原因其实也很简单，那就是孩子在看到手机时的第一个念头，就是 "我要玩"。所以，当 "给我学" 遇到 "我要玩" 的时候，前者自然就输给了后者。因为前者是父母给孩子发出的 "命令"，即不管孩子喜不喜欢学，都必须去完成；后者是孩子的主动要求，即孩子对这件事情感兴趣，想要玩，而且想要玩得尽兴。

　　我们可以想象，如果孩子不喜欢做一件事情，又由于 "父命难违" 而必须去做，在没有监督的情况下，很多孩子就会偷懒或者偷工减料，只要能够应付过去就可以了。此外，还有一些脾气比较倔的孩子，偏偏不喜欢父母 "命令" 的口气，就要反抗到底，不但不会执行父母的 "命令"，还会对父母产生敌对的情绪，这样就会造成亲子之间的隔阂。

　　据一份调查问卷显示，有 71.09% 的孩子不喜欢父母用命令、催促的口吻与自己讲话。虽然父母比孩子懂的知识多，孩子需要从父母那里获取人生的智慧与经验，但父母的"命令"往往不考虑孩子的想法和感受，强迫孩子按照自己的意愿去做事，自然就容易引起孩子的反抗。也正是由于孩子对"命令"口气的抵触，他们往往会拒绝父母的教育与引导。

所以，孩子之所以不喜欢学习，往往不是学习本身的问题，而是父母的那种"命令"语气，让孩子十分反感；而孩子之所以喜欢玩手机，也不是手机有多好玩，而是享受到了"我要玩"的自主权。那么，父母应该怎样做，才能把孩子心里的"我要玩"变成"我要学"呢？

1. 尽量用商量的语气

即便是同一件事，父母"命令"孩子去做与用商量的口气引导孩子去做，效果是不一样的，至少孩子在做事的时候，心态是不一样的。日常生活中，父母应该努力营造出一种民主、和谐的环境，允许孩子根据自己的意愿进行选择，鼓励孩子自己做一些决策。父母应该学会做孩子的朋友，多参与孩子的活动，多和孩子一起互动，成为孩子贴心的伙伴。只要是和孩子成长有关的事，都应该先和孩子进行商量，再做决定。

其实，只要父母多和孩子商量，少一些命令，就会发现，家庭关系是那样和谐，亲子间的感情是那样融洽。在这样的氛围里，孩子也会逐步懂得尊重别人，并学会用商量的办法去对待父母和他人，学会站在别人的角度来看待事情、思考问题，学会民主、平等、尊重和友爱。

2. 以引导为主

如果父母把个人的主观意愿强加在孩子身上，就算孩子服从了父母的安排，他还是无法把事情做得很好。比如：父母想让孩子培养某一种特长，如果事先没有跟孩子进行交流沟通，就直接报了培训班，孩子肯定不愿去，即便去了，也不可能学好。聪明的父母一般都会先带着孩子去观看一些钢琴演出、书画展览、舞蹈表演等，让孩子先和这些艺术进行近距离的接触，再慢慢培养孩子对艺术的兴趣。等到孩子对此产生了兴趣，他就会主动要求学，父母当然也就不需要再苦口婆心地说服和强迫了。

所以，请父母们一定记住，与其千方百计地强迫孩子学这学那，不如想办法引导孩子，把"你要学"变为"我要学"。

3. 寓教于乐

父母的单纯说教，对于生活知识还不完备、尚未建立缜密逻辑思维的孩子来说，所起的作用并不大。因此，父母可以用游戏的方式去引导孩子，因为游戏对孩子来说具有无可比拟的效力。父母可以利用孩子的这一特点，将对他的一些要求设计成各种生动好玩的游戏，让孩子在玩的过程中知道自己平时应该怎样做、如何做。也可以根据孩子的表现，自己编一些能够说明问题的故事，帮助孩子分析问题。另外，还可以找一些具有教育意义的动画片，让孩子在欣赏动画片的同时增长知识，培养良好的品德。用这样的方法教育孩子，当然会比简单说教、训斥的效果好得多。

考试，考的是心态

尽管考试成绩并不能全面地衡量一个人的综合素质与能力，但它依然是一种选拔人才的标准。毕竟，考试也是一种方法、一种制度、一种规则。

其实，我们的人生中有着无数次的"考试"，也正是在这一次次的"考试"过程中，使我们变得越来越成熟，也使得我们的各种能力得以提高。作为孩子，他在学校里所面临的考试，其实只占了他人生中所有"考试"的一小部分而已。现实生活中，有相当一部分孩子害怕考试，有很多父母关心考试。其实，考试本身并不可怕，也不值得过分关心，但考试背后的那个分数，却不知道牵动了多少人的心，分数能让孩子伤心，让父母揪心，让老师痛心。为什么会这样呢？因为我们都太把分数当回事了，在千百年来的传统教育观念中，人们已经形成了这样一个标准：只要考试得到的分数高，就是优秀的人才；如果考试得到的分数低，便是庸才，甚至是蠢材。

考试固然重要，但如果唯分数是举，就会使考试的初衷变质。因为考试只是检查或检验在一段时期内，孩子对知识的了解和掌握的程度而已。通过考试，老师和家长可以了解孩子在学习上存在哪些漏洞，然后再分析应该怎样补上或改进学习方法，这才是考试的真正目的和本质所在。只可惜，很多父母和老师却往往忽略了这一点，只把目光紧紧地盯在考试的分数上，如果孩子考的分数高，便皆大欢喜；一旦孩子考的分数低，便认为孩子没有出息。在这种压力之下，即便是再优秀、再聪明的孩子，谁又能不害怕考试呢？谁又能不害怕试卷上的那个分数呢？

孩子一旦害怕考试，第一个反应就是紧张，紧接着就是回避这种紧张，而回避紧张的方式，就是玩手机、打游戏等，希望能够借此缓解自己的紧张情绪。

因此，要想让孩子不再害怕考试，甚至对考试产生兴趣，进而喜欢上考试，最关键的还是要从改变父母的观念做起。也就是说，父母本身要对孩子的成绩有一个正确的认识，不能考试考得好就高兴，考得不好就翻脸，除了关注分数，更要关注孩子在学习的过程中是否快乐。总之，只要父母的观念改变，孩子对待学习与考试的态度也会随之改变。

那么，如何让孩子对考试不再恐惧，甚至是产生兴趣呢？

1. 让孩子了解考试的目的

父母一定要让孩子知道，考试的真正目的是对他的学习情况进行检验，了解他在学习上的漏洞，进而有的放矢地改进学习方法，而不是根据考试分数对孩子的学习能力进行肯定或否定，甚至对他产生怀疑。另外，考试的另一个目的也是了解孩子的学习状态，只要学习状态好，成绩普通的孩子也会很出色；如果状态差，天才也会变成庸才。应该让孩子尽量放松，轻装上阵，只要根据自己的情况确定实事求是的目标就可以了。

2. 帮助孩子降压

一些父母被"望子成龙"的心理冲昏了头脑，给孩子设定过高的目标，如此一来，便给孩子和自己都增加了许多无谓的压力，只要孩子有一两次考得不理想，就克制不住自己，任不满情绪随意发泄，并对孩子进行冷嘲热讽。还有一些父母常常过于渲染考试的气氛，只要孩子一临近考试，家里的氛围就会骤然变得紧张，电视不让看，游戏不让玩，恨不得让孩子整天坐在书桌前学习。这些父母还常常把这种紧张情绪变成言语，不断给孩子施加压力："你这次一定要给我考好""你是我们的希望，就看你的了""你要是考不好，怎么对得起我们"……这实在是犯了兵家之大忌。

父母要知道，即将面临考试，孩子本身就已经很紧张，父母的这些行为和言语，不是火上浇油吗？这时候，父母最应该做的，是和平时一样，保持自己平和的心态，甚至表现出对考试的"冷淡"，不让自己的情绪大起大落，再经常投给孩子一个自然的微笑，孩子就能够从父母的微笑中读懂那份从容、那份镇定，从而卸下心中的包袱。

3. 注重考试的过程

对于孩子的考试，父母应该尽量注重过程，注重孩子是否认真投入，注重孩子的水平是否得到很好的发挥，注重孩子是否从考试中获得经验，而不是纠缠考试的分数。尽管孩子的分数有时候会让你很失望，但作为父母，我们更应该理解孩子此时的心情。况且，胜败乃兵家常事，世上本来就没有常胜将军，更何况他还只是个孩子呢？因此，不管孩子考试的成绩高或低，父母都应该尽量避免过分关注他的成绩，尤其是当孩子考得不理想时，就更不要没完没了地唠叨。这时，父母不妨帮助孩子分析这次考试失败的原因是什么，给孩子以激励，孩子自然就会把父母当成朋友看待，认真总结这次考试的得失，信心十足地迎接下一场战斗。

4. 给孩子自信

孩子的自信从哪里来？既源于他的实力，更源于父母的信任。因此，要培养孩子的自信心，父母就一定要给孩子独立做事的机会，让孩子通过自己的努力，克服各种困难。只有让孩子品尝到成功的滋味，才会让他逐渐认识和了解自己的能力。当然，在这个过程中，需要父母不断地对孩子进行鼓励。在父母的鼓励中，孩子能够强化自己的行为，增强抵抗挫折的能力。这样培养出来的孩子，即便暂时面对失败，也依然会看到未来的希望。

5. 从退步中看到进步

唐朝的布袋和尚曾经写了一首流传甚广的《插秧歌》："手把青秧插满田，低头便见水中天。心地清净方为道，退步原来是向前。"这首诗之所以能千古流传，主要是说了这样一个道理：退步往往是向前的征兆，或者退步是为了更好地冲刺。那么，作为父母，我们应该怎样从孩子考试的退步中看到他的进步呢？这不但需要父母打破自己的思维定式，把目光从分数上移开，还需要父母善于观察孩子在考试中的表现，比如，孩子面对考试的时候，已经没有以前那么紧张了，或者在考试的过程中，比以前更仔细了。要知道，孩子的这些进步，并不是用分数就能代替的。当然，父母应该为孩子的这些进步打气，以乐观的心态去看待问题。如此，孩子自然会期待下一次考试的到来，期待父母能够从他的身上看到更多进步的地方。

总之，要培养孩子对考试的兴趣，父母就一定要学会改变自己固有的观念，放下对分数的执着，以一颗无私的爱心与孩子一起面对，一起努力，一起沟通，一起分享。

热爱学习，本身就是一种奖赏

在现实生活中，我们的孩子有时会遇到一些比较困惑的事情，比如尽管他们为某件事付出了很多，却总是被别人所忽略，甚至是遗忘，而那些整天无所事事，甚至是捣蛋的同学，却经常为老师和同学所津津乐道。这些事虽然算不上什么不幸，却不免让孩子感到郁闷。于是，他们的心中便会有这样的疑问：为什么好孩子总是被提很多的要求，而不听话的孩子却很自在？为什么自己付出了那么多努力别人却看不见，而那些经常捣蛋的孩子却经常得到别人的赞美？为什么自己学习成绩很好却仍然被要求继续努力，而那些成绩不好的孩子却被允许玩手机？

面对孩子的这些疑惑，作为父母，我们应该怎样来回答呢？

（1）要让孩子明白，每个人都是自然界创造的奇迹，所以对于自己的境遇，应该尽量抱持一种平和的心态，以感恩的心态去面对生活，面对每一个人。这样，即使没有掌声，也会拥有一个快乐的人生，因为热爱生活本身就是最高的奖赏。

（2）要让孩子知道，最值得羡慕的人，不是那些有钱人家的孩子，更不是那些在学校出尽风头的孩子，而是那些最会学习，并在学习中享受到快乐的孩子。因为只有他们才知道，学习对于他们来说是多么重要，而能够享受学习乐趣的孩子，那是多大的幸运呀！

（3）要让孩子懂得，人生的路上，除了掌声、鲜花和赞美，还有很多值得去追求的东西，因为这些掌声、鲜花和赞美虽然都是一种奖赏，但这并不是最高的奖赏。只有努力地做一个好孩子，才是他给自己最高的奖赏。

父母小思：内在比外在更重要

1. 关注孩子心灵的成长

爱和心灵的教育实在太重要了，然后才是具体怎样与孩子相处的问题。在我接触的很多家长中，关于孩子的学习，最让他们头疼的问题，就是孩子喜欢玩手机，导致作业没有及时完成，或者写作业时不能专注。家长们的这种苦恼，我当然是很理解的，但也为他们忽视孩子内心的成长，只盯着那些眼睛能够看得见的表面现象而惋惜。实际上，这种只考虑解决眼前问题的做法，是无益于孩子心理成长的，其结果就是，人们为如何教育好孩子而苦恼。

其实，教育孩子最好的方法，就是让孩子的心灵成长起来。在对这些家长进行指导时，我会反复提到这个问题，但我发现，大部分家长只是从语言和知识的角度予以理解，而真正能够落实的却不多。为什么会这样呢？可能是因为缺乏榜样的力量吧！毕竟家长自己身上的缺点改不了，却要求孩子马上做出改变，那是很难的。所以，我们一定要允许孩子慢慢改变，而不是马上改变。

2. 遵循孩子的学习天性

我们一定要相信，孩子天生就热爱学习，而且都是学习高手。对于这两点，家长一定要有信心，因为只有相信孩子与生俱来的学习愿望和学习能力，我们才不会过分焦虑。同时，我们也要认识到，学习的确是有其科学规律、有底层逻辑的，学习也是有策略和方法的。如果一味地让孩子重复已知的练习，带来的会是低水平和低效率的学习，因为这是假勤奋、假努力、无效果的学习。所以父母要尽早更新自己对学习力的理解，用科学的方法带动孩子的学习积极性，不要为了追求短期的成绩而破坏孩子的学习天性。

3. 帮助孩子建立学习目标

让孩子建立学习目标，是助力孩子从低效率的被动学习向高效率的主动学习转变的关键。因为一个有学习目标的孩子，更容易对自己的未来有所思考，有一定的抱负。学习目标不是靠父母单方面给孩子设定的，只有通过坚持不懈地培养孩子的自主能力、自信心和自我价值感，才能让孩子有动力去为自己的学习设立短期和长期的目标，并在父母的协助下坚守和实现目标。因此，当孩子缺乏学习的目标时，父母最应该做的，不是把自己的目标强加给孩子，而是要走进孩子的内心去寻找原因，只有解决了驱动力问题，才能解决目标问题。

4. 激发孩子的使命感

出生在新时代的新新人类，有着他们自己的世界观、人生观和价值观。他们不会一味地遵从长辈的要求而做出选择，也不会为了摆脱物质的贫穷而刻苦读书，更不会冲着单纯的经济回报或物质奖励奋发图强。因为现在的孩子，大部分父母已经为他们创造了良好的家庭条件，至少不再需要为了解决温饱问题而艰苦打拼了，尤其是一些富裕人家的孩子，父母都是社会精英，该有的物质条件他们都有了，所以也就没有了学习动力。对于这样的孩子，父母应该通过自己的智慧，找到驱动孩子的力量，帮助孩子听到自己内心的召唤，引导他们看到自身内在的价值感和使命感。总之，当今社会的父母必须从打造孩子内心的驱动力入手，让孩子拥有使命感，看到更大的世界，进而主动而持续地学习。

父母行动：提高孩子的学习能力应遵守的规则

1. 重视孩子大脑的培养

俗话说："3岁看大，7岁看老。"这句话是很有道理的，今天的生理学也已经证明，孩子小时候的生长环境会影响他的一生。为什么呢？因为孩子越小，其大脑发育的速度就越快，之后随着年龄的逐渐增长，大脑发育的速度就不断降低。所以，如果父母在孩子还很小的时候，错过了教育孩子的最佳时期，或者采取了错误的教育方式，那么孩子各项能力的发展就会大打折扣，甚至会导致注意力不集中、任性、爱刁难人、暴躁、情绪不稳定，等等，这些都是大脑在成长过程中受到各种错误刺激后造成的结果。相反，那些正直、温和、体谅、自信、聪明、情绪稳定等品质，都是大脑受到正确刺激后发育成熟的结果。可以说，无论孩子出现何种情况，大多都是因为教育方式出了问题。所以，当孩子出现问题时，也是对家长的一种提醒，让我们反思自己在教育孩子方面到底出了哪些差错。

2. 创造家庭的学习氛围

生理学告诉我们，人的大脑通过接受刺激而不断地发育，但如果错过了临界期，就很难挽回了。也就是说，在孩子幼小时期，如果没有对孩子的大脑进行适当的刺激，那就错过了教育的最佳时期。

有一对夫妻由于工作的原因，把年仅1岁半的孩子送回农村老家，由爷爷奶奶带，在5岁时接回来的时候，发现孩子讲了一口地道的家乡话，而智力方面却只有 3 岁的水平。原来，孩子在老家的时候，除了看电视，基本上没有什么娱乐活动，因为爷爷奶奶每天晚上都睡得很早，所以孩子也早早地就睡觉了。而在生活上，爷爷奶奶只管孩子能吃饱就行，很少与他交流互动，都是每天吃完饭就看电视，跟外界也几乎没有什么交流。

那对夫妻原本想着把孩子接到自己身边上小学，自己也可以给孩子辅导，但真正施行起来，才发现太难了。因为孩子的心根本就没有放在学习上，在沟通上更是出现了隔阂，只有在看手机和电视的时候，孩子才能安静下来。

在这个案例中，这对夫妻的教训告诉我们，自己的孩子，最好还是自己带，即使让爷爷奶奶帮忙带，也一定要把爷爷奶奶请过来，而不是把孩子送回去。因为在孩子还很小的时候，就强行让孩子跟父母分开，不但会伤害孩子的情感，也会因为没有得到适时的教育，而让孩子的大脑发育迟缓。

当然，并不是把孩子留在我们身边就万事大吉了，要开发孩子的大脑，就必须在家庭中创造一种学习的氛围，这样孩子的大脑才会受到正面的刺激。

3. 启发孩子树立梦想

梦想是孩子成长的动力，更是学习的动力，所以父母平时在跟孩子聊天的时候，可以问问孩子将来想做什么，以启发孩子树立自己的梦想。当然了，孩子在不同的阶段会有不同的梦想，比如两三岁的孩子可能会回答"想成为老虎""想成为大象"，等等，随着年龄的增长，孩子可能还希望成为动画片中的某个角色或自己身边的某个人。

孩子有了梦想之后，父母可以让孩子想象一下，如果实现了梦想之后会怎么样？比如成为老虎之后想做什么？成为大象之后要做什么？人的大脑功能非常强大，进入潜意识的想法往往会驱使行动进而得以实现。当然了，孩子要成为老虎，这种想法是永远实现不了的。但如果他的梦想是成为一名军人、警察，或者科学家、艺术家，就有可能会实现。

值得一提的是，孩子的想法和目标，不存在"不正常"一说，只要他有想法，什么都可以。我的小女儿在上小学的时候，她的梦想是成为一名演员。我们为孩子拥有这样一个美好的梦想而高兴，对于她喜欢的唱歌、跳舞、主持、追星等都极力支持；等上高中后，她对自我了解越来越深，从文学、艺术、影视中，更加深刻地感受到自己的使命，希望通过自己的影视作品，传递生命的故事、岁月的沧桑、文化的渊源、情感的激荡，为丰富人们的精神世界贡献自己的一份力，于是她又梦想成为一名编导。现在女儿正在为自己的梦想而努力拼搏着。不管结果如何，孩子为梦想而努力的身影，都是我们心中最美的风景。

4. 劳逸结合

对于孩子的学习，很多家长往往认为，孩子只有到了学校，在课堂上听老师讲课，才是真正的学习。但实际上，学习并不仅限于此，也并不是一直伏在书桌前学习就会有好的效果，像拼积木、与同学交流、出外旅游，等等，也都是一种学习，而且通过这种活动，还能提高孩子的自信，只要孩子能够感受到学习的乐趣，自然就愿意主动学习了。所以，如果孩子已经厌烦父母说"赶快写作业""赶快看书"等话后，父母就应该改变方式，不妨跟孩子说"玩会儿吧"，因为玩也是孩子学习的过程，比如玩纸牌游戏等，都能够提升孩子的动脑能力。

5. 学习过程中如何面对手机瘾

很多孩子只要拥有了属于自己的手机，就会逐渐养成一个习惯，那就是把手机放在身旁，以便随时查看信息或随时与他人联系。但是，这样一来，很多孩子往往就会因为手机而走神，尤其是在学习的时候，如果看到同学群里有人发了一条信息，孩子可能就会忍不住也回一条信息，结果对方又回一条信息，于是便不知不觉地聊起来。等回过神来，才发现时间已经过去半个小时了。

　　那么，在孩子学习的时候，应该如何帮助孩子管理好手机呢？可以按以下建议来做。

　　（1）开始学习时，孩子必须把手机调至没有振动的静音状态。

　　（2）将手机放置在附近的抽屉或隔壁的房间里。我们没必要禁止孩子的娱乐行为，但要帮助孩子学会抵制诱惑，尤其是在学习的时候。

　　（3）告诉孩子，只要他高效地完成学习任务或者作业，就可以奖励他玩会儿手机。

　　（4）在学习和做作业的过程中，如果中间有休息时间，可以允许孩子打开抽屉，拿出手机尽可能地利用休息时间来看信息或者回复信息。

　　（5）休息结束后将手机放回抽屉，直至下一次休息时再取出。

手机：我可以成为学习的工具

　　自从我得到普及之后，很多人对我可谓爱恨交加，可以说：想说爱我不容易。尤其是一些孩子因为我而荒废了学业，很多父母便把我视为万恶之源——孩子近视要怪我，孩子摔跤要怪我，孩子感冒要怪我，甚至连孩子不听话也要怪我。那么，问题来了，在没有我之前，孩子就不近视、不摔跤、不感冒，而且都很听话吗？其实，我只是一个工具而已，如果把我用好了，不但不会影响学习，还能够秒变最强的学习工具。比如，在我的应用市场里，就有很多适合各个年龄段孩子学习的应用软件，大家可以在我的应用市场里下载学习软件，然后就可以随时随地地学起来了。

第六章
为孩子树立起榜样

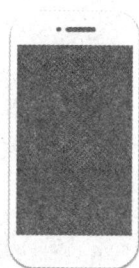

导读：榜样管理

榜样的力量是无穷的。如果父母能充满希望地看待未来，充满自信，那么孩子也会深受感染，也会树立起自信心。我们很难想象，缺乏自信的家长如何培养出自信心十足的子女。因此，作为父母，在要求孩子的同时，一定要注意自身的修养，做好孩子的榜样，才能正确地引导孩子。

虽然孩子成才的动力主要来源于孩子自身，但如果没有父母的正确引导，这种动力很可能就会因为方向的分散而不能形成一股足够强大的力量。一位教育家曾经说过："孩子就如同一株小树苗，要想让它长成参天大树，就必须保证它能笔直地向上生长。所以，在树苗小的时候要在它的周围围上围栏，防止它被风吹倒或者吹歪。另外，还要经常进行修剪，以防止小树把能量都用在旁枝斜杈上，因为这样就必然会影响树干的生长。"

一位心理学家也曾做过这样的比喻：孩子在自我意识还比较弱的时候，就像一块橡皮泥，需要父母首先辨识出这块"橡皮泥"的材料和质地，也就是找出孩子的天赋潜能，然后因材施教，将孩子朝他最适合的方向去塑造。而在整个塑造的过程中，父母对孩子的引导将起到决定性的作用。

我们一定要相信，父母是因，孩子是果，如果我们在"因"上投入更多努力，那么"果"就有更多成功的可能。

榜样的力量

父母是孩子的第一任老师，如果我们问"父母该怎么给孩子当好这第一任老师呢？"可能会听到颇有见地的答案：第一任老师就是督促孩子学好功课，孩子不懂的，讲给他听，不会做的，教给他做；孩子有缺点、错误，要批评他、教育他，孩子有优点、进步，要表扬他。这些固然重要，但"父母是怎样的人，比父母如何说教更重要"，在孩子没有理解语言意义的时候，父母的行为，已经是孩子学习、模仿的对象了。

有一个人非常喜欢喝酒，平常不管忙闲，都要到附近的酒馆去喝上几杯，而且经常喝到半夜才醉醺醺地回家。

有一天，天空下起鹅毛大雪，积雪把路上铺了厚厚的一层。下班后，他和往常一样向酒馆走去，走着走着，他听到后面发出奇怪的声音。他回头一看，原来是刚刚放学回来的儿子。

儿子正顺着父亲的脚印走过来，他的小脸因为兴奋而涨得通红："爸爸你看，我正在踩你的脚印呢！我的脚步也跟你的差不多大了！"

听了儿子的话，父亲心头一震，立刻意识到："如果我去酒馆，儿子顺着我的路走，也会找到酒馆的。"

于是，这位父亲马上改变了行走的路线，向家的方向走去。从那以后，他改掉了喝酒的习惯，再也没有去过酒馆。

在今天的生活中，这样的案例其实是很普遍的。我们总是骂孩子不懂事，却忽略了自己首先就没有做好家长的样子。试想一下，如果你经常酗酒，那么你的儿子可能也会成为酒鬼；如果你经常对妻子发火，那么你的儿子也会脾气粗暴；如果你不尊重自己的父母，那么你的儿子也不会尊重你。

作为孩子的第一任老师，作为孩子模仿的对象，家长应该从知、情、意、行四个方面做孩子的榜样。

1. 知：认知、思想、观念

有句话叫"父母好好学习，孩子天天向上"，所以父母不断提高自己的认知水平，提升自己对事物的理解力，提升自己对孩子内心世界的解读能力，才能够成为孩子的好榜样、好帮手。

孩子成长的速度很快，知识更新迭代的速度更快，父母不学习，就跟不上孩子的成长步伐，孩子不愿跟家长交流，经常说"你不懂，跟你说了也没用"，而家长总会说"我吃过的盐比你吃过的米还多"。其实，在孩子遇到情绪困扰、选择困难、学习困难的时候，遇到被老师误解、同学之间出现矛盾等各种问题的时候，家长往往无法真正懂得孩子的需求，无法帮助孩子很好地解决问题。究其原因，就是父母没有好好地学习。

那么，父母应该怎样做，才算是好好学习呢？在我们看来，父母应该把关注的重点放在自身修养的提升上，而不是把全部希望都寄托在孩子身上，让孩子成为自己实现梦想的工具，而无法做真正的自己。

在我们来访者中，有一个中学生，辍学一年多了，他是被父母逼着来咨询的。孩子说完了自己的成长经历后，总结道："我的爸爸妈妈整天拿我和这个比，和那个比，我怎么做都不对，谁都比我好。但他们自己呢？只是生个蛋，就觉得自己生了个龙凤，然后把所有的压力都转嫁到蛋身上，蒸煮煎烤炸，无所不用，我能活到现在已经是万幸了……"孩子说得很有画面感，却让人痛心，而这样的孩子，在我们的来访者中，并不是少数。我们通常是要求父母进行咨询，治愈自己的创伤，把期待收回到自己的身上，并鼓励父母参加学习，做智慧的父母。因为父母只有学会爱孩子，才会理解孩子的需要，孩子才会变得更好。我们也亲眼见证了一个个孩子，在父母不断成长的过程中，从抑郁、厌学、手机瘾中走出来，成为了更好的自己。

所以，请一定要相信，父母只要成长一小步，孩子就会成长一大步。只要父母不断提升自己的精神境界，做有同理心、责任感，不抱怨、不指责，守信重诺的父母，孩子就会变得越来越好。因为父母是孩子重要的成长伙伴，父母对他人、对世界的态度，会直接影响孩子的三观，影响孩子的未来。

2. 情：情绪、情感、情怀

父母要做好情绪管理的榜样，比如每当遇到冲突、矛盾、误解、不公的时候，你会如何应对呢？是愤怒、摔东西、大喊大叫地发泄，还是一声不吭，默默承担，或者是冷静、温和、有理有节地处理？你的解决方式，都会成为孩子情绪应对的模式。如果家长学会情绪管理，不做情绪的奴隶，孩子自然也会成为自己情绪的主人。

此外，家长一定要做有温度的父母，成为孩子情感寄托的港湾，让孩子时时刻刻都能够获得安全感，比如，当孩子摔倒后大哭时，不要一味地指责："谁让你走路不小心，不看路的？"而是要关心孩子，与孩子共情："你一定很疼吧，让妈妈抱抱。"等孩子的情绪稳定下来之后，再和孩子讨论"为什么会摔跤，以后要怎样做才不会摔"。再比如，当孩子考试考得不好，心里正难过时，父母也不要"事后诸葛亮"："我早就给你说……"或者指责孩子"不努力""不认真""不知道丢人"……或者讽刺、挖苦、贬低，甚至，断定孩子"将来没出息"，扼杀孩子对未来的希望，而是要看到孩子也想把学习搞好的愿望，共情孩子的痛苦心理："妈妈看到你不开心，我相信你也想考好。"同时体会孩子的感受："我们看到你难过，也好揪心。"让孩子感到父母的爱，孩子才愿意敞开心扉，与父母共同探讨解决方案，在挫折中收获宝贵的经验，而不是羞辱。这样，孩子就不会厌恶学习，逃避到手机游戏中了。

3. 意：意志、毅力、决心

意志力是指一个人自觉地确定目的，并根据目的来支配、调节自己的行动，克服各种困难，从而实现目的的品质。孟子曾说："天将降大任于是人也，必先苦其心志，劳其筋骨，饿其体肤，空乏其身，行拂乱其所为，所以动心忍性，曾益其所不能。"孩子要想实现自己的理想，达到自己的目的，需要具有火热的感情、坚强的意志、勇敢顽强的精神，克服前进道路上的一切困难，这就是意志力。

孩子意志力的磨炼，有赖于父母潜移默化的影响，父母在工作、学习、锻炼等方面所表现出来的专注、坚持、决心等品质，都会成为孩子的榜样，并带领孩子穿越困难和障碍，走向自己想要的未来。

4. 行：行动力、行为习惯、行为准则

"行"是关键，所谓知易行难，很多时候，知道并不等于做到。而我们每个人的心理活动，都是需要通过外在的行为，才能被外界所感知到的，比如有人说自己很爱孩子，但对孩子的教育，却非打即骂，并美其名曰这是"为孩子好"。实际上，这种行为就是典型的自欺欺人。其实，我们成为怎样的人，不是我们说了什么，或者知道什么，而是我们做了什么，比如我们每天按时起床、按时工作、遵守约定，等等，这些行为都是实实在在做出来的，而不是说出来的。

有的人满腹经纶，却依然无法过好一生，其中就有行动力的问题，行动力包括把认知、念头转化成实际操作的速度，以及结合实际、灵活运用、完善步骤、达到目标的能力。那么，我们应该如何提升孩子的行动力呢？这就需要家长先做出表率，在行动力上成为孩子的模仿对象，这样孩子的拖延、专注力差、畏难情绪等问题，就会改善。

行为习惯是自动化了的动作或行为，是长期有意识或无意识养成的应对

事物的方式。作为孩子，因为与父母朝夕相处，所以很容易形成与父母相近的行为习惯，比如，家长讲文明、懂礼貌，孩子也就会学着家长的样子，做一个文明的人；家长待人友善，团结亲友、邻里、同事，乐于助人，孩子也能学会与人友好相处，广结善缘。相反，如果家长自私自利，对别人冷漠，孩子也会冷漠无情，凡事只想自己，不管别人，甚至连自己的父母也不管。

行为准则，规范着人们的行为模式，家长遵守行为准则，并做行为准则的践行者，孩子就会顺利融入社会，被社会接纳，进而影响社会、改变社会风气。行为准则包括自尊自爱、诚实守信、遵规守纪、勤劳俭朴、严于律己，等等。

总之，榜样的力量是无穷的，而真正的教育，并不是让孩子明白多少大道理，而是给孩子树立起正确的榜样，正如大文豪托尔斯泰所言："全部教育，或者说千分之九百九十九的教育，都归结到榜样上，归结到父母自己的端正和完善上。"

而父母给孩子做榜样的过程，也是一个不断学习、不断反思、不断调整、不断进步的过程。所以，教育孩子的实质，在于教育自己，而自我教育则是为人父母者影响孩子的最有力的方法。同时，也要时刻提醒自己，我们都是人，也不会是完美的，允许自己做不到，允许自己犯错误，不做 100 分的父母，也允许孩子不做 100 分的孩子，给彼此更多进步的空间，而不是把彼此逼成"神"。

做值得孩子信赖的好父母

为人父母者，在日常的生活中要起到一个好的带头作用，给孩子最真诚的关爱，帮助孩子健康快乐地成长，才能真正赢得孩子的信赖。下面我们就来谈一谈，怎样才能成为让孩子依赖的好父母。

1. 建立安全依恋关系

在孩子刚出生的时候，是安全依恋关系建立的关键时期，所以这个时候最好不要随意更换养育者。而父母在养育孩子的过程中，一定要给予孩子足够的安全感，包括与孩子目光的交流、语言的互动，及时回应孩子，让孩子相信他所处的环境是安全的，这样孩子才会积极主动地探索世界，而不会被恐惧、焦虑和不安全感所淹没。

然而，有些父母由于没有意识到这一点，导致亲子之间形成了隔阂。比如，很多年轻的父母都是在城市里工作，有了孩子之后，孩子刚断奶，或者产假刚休完，就把孩子送回老家，让爷爷奶奶来带，等孩子到了上幼儿园的年龄时，才把孩子接回自己身边。这时，很多问题就出现了，比如孩子跟自己的父母不亲，每天哭闹，更不愿意上幼儿园。

其实，孩子的这些反应，就是典型的没有安全感的表现。作为父母，要想建立起良好的亲子关系，就必须重塑孩子的安全感，把婴儿期没有给予孩子的情感在这个时期加以弥补。那么，该怎么弥补呢？至少要做到这四点：第一，不指责、不挑剔，不强行分离；第二，理解孩子拒绝背后的恐惧感，以及恐惧背后的不安全感，心生怜惜孩子的情感；第三，学会"投其所好"，做孩子和善、温暖的玩伴；第四，每天睡前给孩子讲故事，等孩子睡着后，用温暖的语言继续抚慰孩子，让孩子在潜意识里感受到父母的用心陪伴。

2. 做认真倾听的父母

倾听，是沟通的基础，认真倾听孩子的心声，会让孩子感受到"我是被爱的""我是被尊重的""我很重要"，等等，当孩子觉得自己被重视的时候，也就更愿意把自己的想法、心思、困惑和见解与父母进行分享了，而父母也能通过孩子的分享更了解孩子。但在现实生活中，有很多家长只是喋喋不休地说教孩子，根本不理解孩子真正的需求，孩子没有发言权。这样一来，孩子往往就会变成"闷葫芦"——闭上嘴巴、堵住耳朵，将自己与外界隔离开来。所以，父母只有学会倾听，才能更好地与孩子沟通，更好地帮助孩子。

那么，倾听需要注意哪些事项呢？

（1）耐心。孩子有时候讲话不清楚、不完整，这个时候父母千万不要着急，更不要随意打断孩子说话，一定要耐心听明白他想要表达的意思之后，再给出自己的建议。在我们接受咨询的过程中，经常见到有的家长在孩子正说话的时候，很不耐烦地制止孩子："不要再说了，连个话都说不清，整天就瞎叨叨，真是烦死我了……"还有一些家长，孩子在给他们讲自己当天在学校的遭遇、委屈或者愤怒时，却只顾忙自己的事，从来不认真回应。当孩子提出抗议时，家长却说："你天天就是这些事儿，有啥好说的，没看见我正忙着吗？赶紧写作业去，别来烦我。"孩子听了，只好悻悻闭嘴，到一边生闷气去。

（2）认真。所谓认真，就是在倾听孩子讲述的时候，父母一定要放下手中的事，然后看着孩子的眼睛，用眼神、表情告诉孩子："我对你所说的事情很感兴趣，我从来没听过这么有意义的事情。"并适时提出一些可以让孩子更清晰、更有兴趣表述的问题，比如"你怎么想到这个办法的""你是怎么做到的"，等等。

（3）回应。孩子在讲述一件事情的时候，语言能力、逻辑性可能不够，所以家长在孩子讲完后，可以对孩子所讲述的内容进行简单的归纳、梳理，并询问孩子是否需要帮助，让孩子感到父母在认真倾听，并随时可以得到父母的支持，同时也慢慢学会如何有条理地表述。

（4）了解。要想真正了解孩子，家长必须透过现象看本质，比如当听到孩子在抱怨老师和同学对他的不公、误解时，并不是孩子对老师和同学有多大不满，而是孩子在表达他的诉求：我是值得被爱、值得被重视的，我一直在努力，并希望大家能够看到我的进步。所以，当我们听到孩子的"抱怨"时，千万不要马上批评孩子，而是要了解孩子内心真实的想法，并表示理解。然后告诉孩子，无论如何，父母都是爱他的，并且毫无条件地接受他。

3.做孩子坚强的后盾

孩子的成长之路并不都是风和日丽的，作为孩子可以信赖的父母，要在孩子平顺的时候，给予欣赏、喝彩；在孩子遇到挫折，甚至犯错的时候，更甚者，即使在孩子犯罪的时候，都可以与孩子一起承担，"有我呢，我在，我和你一起，即使你犯了罪，也是我的孩子，我和你一起面对"。而不是站在孩子对立面挑剔、指责、打骂，因为所有的指责、打骂，都是在告诉孩子："这是你的错，与我没关系，我们要划清界限。"

有一个来咨询的孩子，因为在课堂上偷看手机被老师没收，后又玩平板电脑，再次被老师发现和没收，并要求见家长。孩子无奈之下，爬到楼顶要跳楼。为什么仅仅是老师要见家长，孩子就要跳楼呢？因为在孩子看来，老师叫家长比跳楼更可怕。还有一个孩子，因为在学校打牌，老师便把家长叫来，家长来了之后，二话不说就给了孩子几个耳光，孩子随后跳楼自杀。这样的案例还有很多，有的孩子说，"我的爸妈，只能同甘，不能共苦"；有的孩子表达，"我的爸妈，只会锦上添花，绝不雪中送炭"……孩子的这些话，可以说，沉甸甸地直击父母的良知。

在古希腊，曾流传着这样一个神话：

有一位英雄，大地是他的母亲，每当他战斗到体力不支的时候，就跳下马来，俯到地上，从母亲的胸怀汲取力量，然后又会变得勇猛非常，把敌人打得望风而逃……

其实，父母都希望自己的孩子能成为"盖世英雄"，那么在孩子拼搏的过程中感到烦恼、苦闷、消沉、疲惫或者出错的时候，作为孩子后盾的家长，能否源源不断地给孩子注入力量，让孩子越挫越勇呢？如果能，那么来自父母的这些能量，将会化为一道光，点亮孩子人生的舞台。

有孝心的孩子人格更健全

俗话说："百善孝为先。""羊有跪乳之恩，鸦有反哺之义。"尊重长者、孝敬父母是中华民族的传统美德。有无孝敬父母的习惯，不仅仅是子女对父母的关心，同时也能体现出是否具备关心他人的能力。孩子在家里如果养成孝敬父母的好习惯，那么他走上社会之后，自然就能够做到关爱朋友、关爱同学、关爱老师，而且顾全大局，成为一个人格健全的人。

然而，在现实的家庭生活中，我们却经常看到这样的场景：孩子吃完饭后，马上扭过头去看电视或玩手机，父母却忙碌着收拾碗筷；家里有好吃的东西，父母总是先让孩子品尝，孩子却很少请父母先吃；孩子一旦生病，父母便忙前忙后，百般关照，而父母身体不适，孩子却很少问候。所有的这些，虽然看似平常，但当孩子渐渐长大，最终成为没有孝心、自私自利的人时，我们是否想过，这些都是家长自己"培养"出来的呢？因此，我们千万不要忽视培养孩子尊敬长者、孝敬父母的好习惯。

有一份对独生子女家庭的调查报告显示，独生子女在智力发展水平和身体状况方面一般表现出较大的优势，而在品德、行为习惯等方面存在着较多的缺陷。由于大人的溺爱、娇惯，养成了他们对周围的人缺乏同情心，包括对自己的父母也缺少应有的理解和关心。而孩子之所以会变成这样，主要原因是家庭环境和教育的影响。由于在家里是独生子女，大人把所有的爱都倾注在他一个人身上，给孩子买好吃的、好玩的，想方设法地满足他提出的一切要求。由于没有兄弟姐妹来分享，父母又忽视了亲情互动教育，慢慢地孩子就只会享受关爱，不会甚至不愿付出爱心，对自己的父母缺乏孝心，最终形成"以自我为中心"的不良后果。这是当前独生子女教育中的缺陷，是家庭教育的重大误区，对孩子今后的发展是极为不利的。因此，作为家长，在思想上要重视对孩子孝心的培养。

从孩子身心发展的特点来看，对他们进行孝心培养是完全可行的。大量研究资料表明，儿童时期是孩子接受熏陶、形成良好品德和行为习惯、培养个性的最佳时期，所以我们必须把握好这一教育的黄金时期。

那么，作为家长，要怎样培养孩子的孝心呢？可以从以下几个方面努力。

1. 身教重于言教

成功的家庭教育往往不是严肃的告诫、喋喋的训导，也不是成套的理论、成体系的课程，家庭教育的成就过程就潜藏在家长的行为、举止、言谈与礼仪风范中。要知道，孩子是家长的镜子，孩子的行为能清晰地反映出家长的行为准则，因此要让孩子具有良好的品质，家长如何"教"是次要的，怎么"做"才是主要的。

有这样一则广告：

一位刚下班的年轻妈妈，忙完了家务，又端水给老人洗脚，老人对她说："孩子，歇会儿吧！别累坏了身子。"她笑笑说："妈，不累。"年轻妈妈的言谈举止被只有三四岁的孩子看到了，孩子一声不响地端来一盆水。年幼的孩子吃力地端着那盆水，摇摇晃晃地向妈妈走来。盆里的水溅了出来，溅了孩子一身，可孩子仍是一脸的灿烂。他把水放在妈妈的脚下，为妈妈洗起了脚。广告画面定格在这儿，广告语是："父母，是孩子最好的老师。"

还有一个故事，也值得家长们借鉴：

从前，有一对中年夫妇对年迈的父母很不孝顺，他们把老人赶到一间破旧的小屋里居住，每顿饭用小木碗送一些残羹剩饭给老人。一天，他们看到自己的儿子在雕刻一块木头，就问孩子刻的是什么。孩子说："刻木碗，等你们年纪大时好用。"这时，这对中年夫妇猛然醒悟，连忙把自己的父母请回正屋同自己一起居住，并扔掉了那只小木碗，拿出家里最好吃的东西给老人吃。孩子也因此转变了对父母的态度，从此一家三代和睦生活。

可见，父母的言行对孩子的影响有多大。是啊，孝心就是这样学会的，也是这样传递的，孝心就是在父母的榜样下养成的。因此，要想培养孩子的一颗孝心、爱心，父母首先要以身作则，要做孝敬长辈的楷模。

2. 从小事做起

让孩子养成孝敬父母的好习惯，要从一点一滴的小事着手塑造和培养。比如，平时教育孩子要关心父母的健康，要帮父母分担忧愁，要帮助父母做家务。当孩子不会时，父母要耐心地教；孩子做错事时，不要一味指责；孩子做得好时，要多表扬鼓励。孩子只有在亲身实践和体验中才能体会到父母的辛苦，品尝到为别人付出的快乐。当孩子的心中逐渐产生"父母养育了我，我应当为他们多做事"的观念时，孩子就有了一份生命的义务感和责任感。这正是现在许多孩子都缺乏的。因为他们平时只知道接受爱，而不知道付出爱，没有学会关心和感激。所以，家长千万不要这样想：孩子还很小，主要任务是学习，只要专心学习就可以，其他什么也不用干。其实，这是一种错误的思想，不要以学习成绩作为唯一的评价标准，好孩子的标准是多方面的，孝敬父母就是一个重要的标准。

3. 学会感恩

作为家长，我们应该有意识地让孩子体会父母的辛苦，体会父母挣钱养家的不容易，体会父母对他的爱，体会父母也同样需要他关心和爱。因此，家长不妨经常给孩子讲讲自己一天的情况，比如做饭、洗衣服、整理家务、上班，等等。家长要让孩子体会到自己如何关心他。比如，孩子生病了，父母怎样心疼，怎样整夜地不睡觉照顾他……这些细节是最能感染人的。知恩就要感恩，感恩就要报恩。要让孩子从小养成关心父母、体贴父母、爱护父母的好习惯，比如为妈妈梳梳头、给爸爸捶捶背，等等。

4. 制定家规

俗话说："没有规矩，不成方圆。"给孩子制定一些必要的家规是不可缺少的。可与孩子共同商量，制定"孝敬父母"行为规范。

5. 亲子互动

在培养孩子的过程中，与孩子多交流、多沟通，可以通过共同玩游戏、搞活动的形式来实现：亲子共读一篇文章、一本书，与孩子共唱一首歌，与孩子共诵一首诗词，等等。在亲子互动的过程中，不仅可以尽情地享受天伦之乐，而且可以在潜移默化中养成互相依恋、信任、尊重的习惯。

总之，在孩子还小的时候，如果我们把孝敬的种子种植到他的心里，那么等到孩子长大之时，就是我们收获之际。

父母小思：乐观，是父母送给孩子最珍贵的财富

性格决定孩子的命运。乐观的心态是孩子强大的精神支柱，对孩子的心理健康起着积极的促进作用，会让孩子拥有快乐的人生。但是，孩子乐观的性格不是天生就具备的，而是需要父母悉心培养的。

在现实生活中，我们也能发现，孩子的情绪变化直接影响其求知欲、智力及上进心的发展。举个例子，有两个同在一个班级学习电子琴的孩子，其中一个孩子的家长经常用鼓励的方式来激发他的学习兴趣，自然孩子在学习上取得了很大的进展；相反，另一个孩子的家长由于急于求成，经常斥责孩子，使孩子的心理产生压力，情绪紧张，进步就很慢，最后不得不半途而废。因此，要想培养孩子形成乐观的性格，首先要培养孩子积极乐观的情绪。那么，怎样才能做到这一点呢？

1. 父母要用乐观的态度感染孩子

据调查显示，约有 80% 的悲观者，其父母至少有一方的生活态度是悲观消极的。因此，父母要想帮助孩子树立起积极乐观的人生态度，就要用自身的乐观态度去感染孩子。

家庭是孩子的第一成长环境，也是孩子心灵接受熏陶的第一场所。所以，父母要从自身做起，做一个积极乐观的人，为孩子营造出一种积极乐观的家庭氛围，这对培养孩子积极乐观的心态是很有益的。

2. 教孩子学会调整心态

心态直接决定孩子做人做事的成败。积极的心态虽然无法保证孩子一定会取得成功，但却一定是成功的先决条件。孩子心态积极，乐观地面对生活，接受挑战，就会离成功越来越近。

乐观的人都有很强的心理调适能力，即使遇到困难，也会很快地从悲观中走出来。不过，培养孩子乐观积极的心态，也不是一朝一夕就能实现的，要通过父母和孩子长期的共同努力，才能使积极的心态成为孩子性格的一部分。

3. 不要压抑孩子的快乐情绪

快乐的情绪是乐观性格里很重要的因素，要想培养孩子的乐观心态，父母就应该注意不要压抑孩子的快乐情绪。

比如，孩子出生后两个月左右，就有了微笑的意识。这时，父母不要压抑孩子的快乐情绪。当孩子上学后，要给孩子自由的时间和空间，让孩子在做自己喜欢做的事情的过程中感受到快乐。实际上，孩子在快乐的感受中更容易获得信心和勇气。

4. 鼓励孩子多交朋友

孩子如果不善交际，就享受不到和他人相处的快乐。父母可以鼓励性格内向、有抑郁倾向的孩子走出去，多结交一些性格开朗、乐观的朋友。父母也可以多带孩子参加一些亲子活动，让孩子接触更多的伙伴，学会和不同的人相处，还可以邀请孩子的朋友来家里做客。久而久之，孩子的性格就会变得越来越开朗、乐观了。

5.让孩子保持一颗平常心

乐观的孩子能够坦然地面对一切。现在的孩子大多都是在温室里长大的，经历的风雨不多，一遇到困难就不知所措。所以，让孩子多接触各类事物，接触的事情多了，孩子的心胸自然就开阔了，悲观的思想也就不容易产生了。

让孩子积极参加各种活动，让孩子明白困难和挫折都是正常的，关键是要以平常的心态对待身边的事情，只要孩子对待事情的心态平和了，就能逐渐培养起乐观的性格了。

6.避免孩子过于乐观

乐观者与悲观者之间的差别是很有趣的。通常情况下，乐观者看到的是油炸圈饼，悲观者看到的却只是一个窟窿。但是过于乐观容易导致孩子自负、骄傲自大，这样也不利于孩子的成长和发展。

让孩子学会客观地估计自己的能力，合理制订自己的计划，做个适度乐观的孩子。

父母行动：让孩子为你而骄傲

当孩子为自己的父母感到骄傲时，就很难沉迷于游戏中了，因为孩子会以父母的准则为自己的准则，以父母的要求为自己的要求，以父母的标准为自己的标准，而且，孩子这样做，完全是自愿的，没有任何人强求他。当然了，要成为这样的父母，也并非那么容易，至少要能够做到以下几点，才会有一些把握。

1.做有格局的父母

有人说，如今是一个"拼爹"的时代，但是，我们所拼的，并不是父母有多少钱，有多少关系，或者能够买多大的房子，而是父母的格局。可以说，父母的格局越大，眼界越开阔，那么他们给孩子未来奠定的基础就越好。而父母的格局，主要体现在父母的观念、生活方式、思维方式、处世方式等方面。

其实，孩子之所以沉迷于游戏，错误真的不在孩子，而是在于父母的价值观和行为方式出现了问题。我们可以试想一下，如果父母一边玩手机，一边催促孩子赶快写作业；一边向别人炫耀自己花了多少钱搞定了一件事，一边又要求孩子做人要正直；一边怨天尤人，一边让孩子积极乐观；一边斤斤计较，一边让孩子大度包容……那么，孩子会听从父母的教导吗？要知道，孩子的眼睛是雪亮的，父母的一举一动，都逃不过他的眼睛。所以，真正有格局的父母，不但要有正确的价值观，而且要言行一致、表里如一。

2. 父母要和睦相处

在家庭中，父母是最应该遵守原则的，因为父母是家庭的组织者，是家庭的核心力量。作为父母，我们有义务有责任安排和组织好家庭生活，创造团结、和睦的家庭氛围，使每一个家庭成员拥有健康、丰富多彩的生活内容以及规律正常的家庭生活。因此，父母之间要互敬互爱，互谅互让。当发生矛盾或摩擦时，父母双方要心平气和地讲明道理，妥善处理，这是保持父母在孩子眼里美好榜样和威信的重要因素。

3. 父母言行要积极

如果父母的言行中总是表现出一种积极向上、勤奋敬业的精神，孜孜不倦地学习，认认真真地做事，自然就会在无形中用自己的行动给孩子树立起一个很好的榜样。在这种榜样力量的带动下，孩子也就会学着父母的样子，认真读书学习，并养成耐心、细致的习惯和积极向上的精神。

4. 遵守公共秩序

在日常生活中，我们经常会看到这样的场景：带着孩子的家长站在马路边，左右看看，觉得路上行驶的车子离自己还很远，就不顾红灯，拉着孩子冲过马路；孩子吃完香蕉后，手中拿着香蕉皮，正东张西望找垃圾桶时，家长却一把抢过香蕉皮，随手扔进草丛里；家长骑着电动车，孩子坐在后座上，驶入机动车道，无视交规……我们不禁要问，这样的家长如何能为孩子树立起好榜样呢？

其实，这本是大家都应该遵守的公共秩序，但一些家长却曲解了秩序的意义，把秩序当成一种束缚，不鼓励孩子遵守社会秩序，反而认为不遵守秩序是创造力的表现，这样就会严重地误导孩子。

所以，在公共场所中，无论是在哪里，家长都应该给孩子树立起遵守公共秩序的榜样。比如，游览文物古迹时，不乱涂乱画；在公园里散步时，要爱护环境卫生，不大声喧哗、打闹，等等。

实际上，在我们的日常生活中，处处都存在着秩序：乘车有先下后上的秩序，就诊有先来后到的秩序，就餐有排队的秩序，过马路有红灯停、绿灯行的秩序，公共场所有不随地吐痰、不乱扔东西的秩序，图书馆有保持安静、爱护书籍的秩序……正因为这些秩序的存在，我们纷繁复杂的生活才变得有条不紊、井然有序，而不是乱成一锅粥、一团麻。

总之，遵守公共秩序是公德心的体现，受益的是广大公众，也包括我们自己。现代社会，遵守公共秩序也是一个人基本素质、涵养的体现，这些基本的规范，家长有必要让孩子从小接受教育，自觉遵守，并形成习惯。

手机：我可以让亲子关系更亲密

我的存在，其实可以让亲子之间的关系更为亲密。当爸爸出差时，如果你想他了，可以用我打视频电话，这样你除了可以知道爸爸在做什么外，也可以让他知道你在做什么；而在家里，你还可以通过我，跟妈妈玩一些益智的游戏，玩这些游戏不但可以开发你的智力，还能增进亲子关系，何乐而不为呢？

第七章
要玩，就尽情地玩吧

导读：游戏管理

很多年轻的父母望子成龙心切，在教育孩子的过程中，往往除了学习之外，其他的事情都不让孩子参与。尤其是玩游戏，更是严格禁止。因为父母们认为，只有没出息的孩子才会把时间花在玩耍上，要想让孩子长大后有所作为，就必须让他学习更多的东西。父母们的这种心情，当然可以理解。可是，很多父母往往忽略了这样一个问题，那就是——玩是孩子的天性。而要教育好孩子，就必须因势利导，从顺应孩子的天性入手。一个孩子在童年时期如果从来没有痛快地玩过，也不会玩，那么对于他来说，将是一生中都无法弥补的缺憾。

我从小在一个小城市长大，小学放学后都是在外面玩，一直玩到天黑才回家，而所玩的内容无非就是捉迷藏、打仗、打球。周末去郊野玩，抓鱼、摘柿子、逮蝈蝈，等等。现在想起来，这些游戏真是土得不能再土，但正是这些游戏，陪伴我度过了无忧无虑的童年。然而，现在每次回到老家，看到那些和我当年一样大的孩子，整天抱着手机不放的时候，我就不由自主地想，虽然他们现在所玩的游戏比我当年玩的要"高大上"，可谓"一机在手，要啥都有"，但效果却完全不一样——当年我们玩一天游戏下来，仍然精力旺盛；而现在的孩子玩一天手机下来，却显得很疲惫。

而当我意识到手机给孩子带来的危机时，另一个问题也随之而来，为什么可玩的游戏那么多，孩子却偏偏视而不见，或者没有任何兴趣，整天只知道玩手机呢？我想最大的原因，应该是孩子缺少这样的引导和体验。如果孩子能够体验到其他游戏也能带来很大的乐趣，甚至是更大的成就感时，自然就能够从对手机的沉迷中解脱出来了。

玩是孩子的天性

俗话说："父母是孩子的第一任老师。"然而，一直以来，这个"第一任老师"对孩子的教育，却给我们留下了太多的反思，尤其是现在的独生子女家庭，大多数父母对孩子的教育要么过于严厉，要么就是溺爱。前者没有做到尊重孩子的天性，后者则忽略了对孩子进行必要的引导。另外，还有很多父母的思想，仍然停留在那种"两耳不闻窗外事，一心只读圣贤书"的传统观念中，认为孩子只有老老实实地认字、读书才能成才。孩子能够静下心来读"圣贤书"固然是一件好事，但一个整天除了认字、读书，却不知道"窗外事"，不知道怎么"玩"的孩子，怎么可能适应现今社会对人才多元化、创造性的要求呢？

如果我们整天把孩子关在家中，让他与外面的世界隔绝，那么他肯定是没有"学坏"的机会，但同时也失去了童真的世界。在这种环境中成长起来的孩子，不仅会丧失想象力和无拘无束的欢乐，而且还会丧失在同龄群体中学习与人交流的机会，最终可能导致"智商"和"情商"低下，不懂得合作、谦让、礼貌、感恩……甚至出现精神抑郁和心理疾病，从而使自己日后走向社会变得难上加难。

是的，玩耍是每个孩子的天性，尽管孩子所玩的一些花样有时难登大雅之堂，但在这种自得其乐的玩耍中，却能够激发出他们创造的欲望和想象的空间，使其沉睡的大脑得以迅速地被激活，在成长的道路上迈出关键性的一步。

　　所以，作为父母，我们不妨放下家长的架子，融入孩子的世界中，和他们一起分享那份童真、那份久违的乐趣。同时，在和孩子玩耍的过程中，父母还可以不断地变化、推陈出新，让孩子在玩耍中学会思考，逐渐积累社会和生活经验。

1. 玩中学，学中玩

　　有人说："玩就是学习，学习就是玩。"的确，对孩子来说，玩是最快乐的事，而且，孩子每天都是一边玩一边学，在玩中学习。玩——是孩子学习的一种方式，孩子能够在玩的过程中锻炼肢体、发展动作、促进记忆、开发智力、培养情绪，进而认识世界。父母只有认识到这一点，才能在和孩子玩耍的过程中掌握主动。真正聪明的父母懂得怎样在与孩子玩耍的过程中教育孩子，包括什么时候该玩、什么时候该学、什么时候既玩又学，都有一个时间和原则的问题。这样，既可避免一味地干涉和阻止孩子玩耍，又能做到不溺爱孩子，不让孩子牵着鼻子走，同时，也能培养孩子从小养成遵守原则的习惯。父母应该多为孩子创造玩的条件和空间，并陪孩子一起玩，引导孩子玩。

2. 让孩子融入大自然

　　周末或时间充裕时，父母可以带着孩子走进大自然，让孩子和大自然中的万物对话，充分领略大自然带给人的那份愉悦。大自然除了能给孩子带来清新的空气，还能让孩子学到书本里没有的东西，感受在家里、教室里没有的广阔天地。更为重要的是，与大自然的接触还会激发孩子的想象力和对学习的兴趣。如果让孩子长久地远离大自然，不仅会使他的想象力、创造力受到制约，还会使他丧失基本的生存能力。因此，为了孩子的健康成长，为了培养孩子的学习能力和创造力，父母应尽量让孩子多接触大自然，并和孩子一起在大自然中尽情玩耍。

3. 玩出智慧和品格

　　玩是孩子智慧和情感萌发的地方，也是孩子发现自我的桥梁。孩子在玩的过程中，会发现许多有趣的科学现象、自然规律，并从中得到快乐。父母可以指导孩子学会使用电脑，搞小发明、小制作，养小动物，等等，将玩与学很好地结合起来，让孩子在玩耍中达到触类旁通、提高技能、启迪智慧的目的。另外，通过饲养小动物，还能培养孩子的爱心、耐心、善心、同情心等优良品格。

4. 发现孩子的天赋和兴趣

在与孩子玩耍的过程中，父母应注意观察，及时发现孩子的天赋和兴趣爱好，并不断给予支持和鼓励。如果孩子善于背诵较长的诗句篇章，说明他很有文学天赋；孩子听到音乐时就翩翩起舞或小声哼唱，说明他有音乐和舞蹈方面的天赋；孩子玩玩具时，能自动按颜色、大小等分类，说明他有很好的逻辑思维；孩子在玩耍中喜欢异想天开，说明他有良好的观察力和想象力……

另外，父母还应对孩子的天赋和兴趣给予积极对待，因为在孩子还没有形成自己的人生观和价值观之前，天赋和兴趣绝对是激励孩子进取的动力。

在这里，需要特别提醒的是，有些父母工作比较忙，但不管有多忙，一定要抽出一定的时间，分享孩子的快乐，分担孩子的烦恼。因为比起拥有事业成功的父母，孩子更需要有能够和自己进行心灵沟通的父母。

让游戏为学习助力

人们普遍认为，学习和游戏是一对矛盾。我们自幼就被教导，以学习为主，学习好了才能玩。学习和游戏之间泾渭分明，二者不可调和。然而，事实却并非如此。

随着对学习要求的提高以及技术水平的提高，一些聪明的学校和组织，越来越多地把游戏和学习作为改造课堂的一种方法，因此获得学生的喜欢，也提高了学习效率。

北京大学教育学院学习科学实验室执行主任尚俊杰认为，未来教育应该以学习科学为基础，以游戏化学习为手段，整合项目式学习、探究学习等学习方式，应用人工智能、大数据、虚拟现实/增强现实（VR/AR）等技术，通过科学的教和学让学生更快乐。

其实，孩子之所以非常喜欢玩游戏，是因为在玩游戏的过程中，很容易达到满足自己内心需要的目的，游戏会给孩子带来愉悦感。可以说，游戏是孩子学习的有效载体，也是父母教育孩子的有效手段。

有游戏意识并且善于玩游戏的父母，一般都会受到孩子的欢迎，而且孩子也会乐于接受父母的教育，并把父母视为自己的朋友和学习的榜样。因为这样的父母能够随时随地运用游戏，或以游戏的形式影响孩子的行为，从而在愉快的活动中，为孩子的认知发展和良好习惯的养成打下坚实的基础。

当然，作为父母，在和孩子一起玩游戏时，应该善于引导孩子，并不断变化出新花样来，让孩子在游戏中学会思考，学会积累社会和生活的经验。这样，父母才能在和孩子玩游戏的过程中，达到与孩子交流的目的，做到寓教于乐。

当然，我们也应该看到，一些游戏对孩子产生的影响是双重性的，比如，很多手机游戏在给孩子带来快乐的同时，也会给孩子带来很多负面的影响。直到现在，手机游戏是否适合孩子玩也一直处在争议中。所以，对于这种孩子更喜欢玩的手机游戏，就需要父母对孩子进行必要的引导和限制了。那么，父母应该如何引导孩子呢？可以遵循下面的几个原则。

1. 宜疏不宜堵

一些手机游戏不但生动有趣，而且还能锻炼孩子思维的敏捷性，提高孩子的专注力，锻炼孩子主动思考以及探索、尝试用其他方法解决问题的能力。因此，对于孩子玩手机游戏，父母宜疏不宜堵。最重要的是要做好孩子的思想工作，并相信孩子能够有自控能力。如果一味地反对，往往会导致孩子产生逆反心理，反而不利于问题的解决。

2. 适当限制

由于手机游戏对孩子的诱惑力很大，如果没有进行适当的限制，则百害而无一利。父母可以采用和孩子约定时限的方式，规定孩子每天只能玩一个小时，或只有到双休日才可以玩两个小时。这样，让孩子有张有弛，既可以玩个痛快，又能有效地降低孩子玩上瘾后沉迷其中的可能性。

3. 发现不良倾向要坚决制止

由于孩子年龄比较小，还缺少相应的自控能力，所以一旦玩上游戏，就没有时间观念，把那些必须做的事（做作业、复习功课等）抛到九霄云外去，不强制就不会停止，这样就容易让孩子的身心健康受到严重的威胁。这时，父母一定要对他的行为进行坚决的制止，同时还要及时和孩子进行沟通，引导孩子参加一些其他活动，以转移孩子的注意力。

总之，聪明的家长，应该让游戏成为孩子学习的助力，而不是将其与学习对立起来，采取非此即彼的态度。当然，在孩子玩游戏的过程中，父母一定要起到主导的作用，这样才能做到有的放矢，或者对症下药，既能够让孩子玩得痛快，又不会让其沉迷其中而影响学业。

会玩的孩子更有创造性

一些儿童专家曾经做过这样一个实验：他们首先设计出一个很新颖的玩具，这个玩具如同大箱子，箱子的探索性非常强，上面有许多按钮，每个按钮都有一定的功能。专家们请一批幼儿园的孩子参加实验，并把孩子们对玩具的反应记录下来，然后进行分类。结果发现，参加实验的孩子可以分成这样三种类型：第一种类型没有什么探求精神，这类孩子只是看看，并不动手玩；第二种类型有一定的探求精神，这类孩子会去摸和动这个玩具，但并没有拿玩具做想象中的游戏；第三种类型创造性比较强，他们不仅仅摸、动这个玩具，还会将它拿来把玩，并展开丰富的想象，比如将其当作轮船、汽车等。

三年之后，这些孩子全都进入小学。专家们又到小学继续跟踪这些孩子，为他们做了一个关于创造性的测验，结果发现：第一种类型的孩子在测验中得分最低，得分最高的是第三种类型的孩子。这些孩子在学校的情况也表明：第一种类型的孩子在学校里往往表现出胆怯、沉默、不善交往等，而第三种类型的孩子性格则比较开朗、活泼，而且非常愿意与人交往。

从上面的实验中可以看出，孩子喜不喜欢玩、会不会玩，与他们今后各方面的成长都有很大的关系。爱玩的孩子，在玩的过程中能出点子，在今后各个方面也会表现得较为突出。玩，给孩子带来的进步是多方面的，比如孩子与同龄人交往的能力，家长是教不会的，只有孩子自己在与同伴的玩耍中才能获得。假如小朋友们已经开始玩游戏了，你的孩子是否能从中途参与进去？怎样做才能得到同伴的欢迎？这些都需要他在游戏过程中进行学习。

20世纪60年代，美国政府曾经花了一大笔钱投资贫困家庭子女，实行学前教育方案，即所谓的"提前开始，先前教育"，针对一些家境不太好、父母文化水平不高的孩子实行补偿教育。让这些孩子很小便开始学识字、计算等。然而，通过一系列的追踪研究发现，这种做法不但没能让这些孩子成才，甚至还让一些孩子出现头晕、疲劳等症状。

在每个年龄段，孩子都有着自己喜好的特殊活动，如果在此阶段，强迫他做一些他不愿做的事，自然便会给他造成较大的负担和压力。事实上，只有在玩游戏的过程中，孩子才会表现得最愉悦也最聪明，这种愉悦和聪明如果转移得当，会伴随孩子走上令人羡慕的"天才"之路。

每个孩子都喜欢玩，这也是大多数孩子在幼年时为什么显得较聪明的原因，尽管孩子的这种聪明看起来还显得比较幼稚。为什么喜欢玩的孩子会比较聪明呢？因为游戏和玩具为孩子打开了兴趣的大门，他们可以通过玩来探索世界，这也是他们身上天然存在的学习驱动力。

奥地利心理学家梅兰妮·克莱因经常用游戏治疗的方式，使智力发育迟缓的儿童认知水平得到提高，在其论文《早期分析的心理学原则》中，她提出，对游戏兴趣的限制会抑制儿童的学习潜能及整体心智的提升，并影响其后续兴趣的发展。

因此，父母要学会鼓励孩子巧妙、愉快地玩耍，及开发孩子的"玩商"。这是孩子智商提高的重要途径。

1. 帮助孩子了解周围的世界

孩子玩的很多游戏都源于生活，这些游戏常常需要借助周围的一些事物。因此，孩子在玩的过程中，自然会对自己周围的世界产生一个更加深刻的认识。这种深刻的认识，又会促使孩子创造出更高级的玩法。在创造的过程中，孩子会变得更加聪明，而创造本身就是天才必备的素质。

2. 培养孩子与他人相处的能力

孩子的许多游戏需要通过两个甚至更多的人才能玩，在玩耍的过程中，不可能总是非常顺利，有时会出现一些摩擦或者矛盾。为了让游戏继续进行下去，孩子们自然就会协商，以求寻找出一个适合的解决方法。这样，孩子自然也就学会了与他人积极相处，提高了自身的组织协调能力。

3. 让孩子被人关注或学会关注别人

玩也需要技巧，技巧高明的孩子一般都玩得比较好，自然会成为其他孩子效仿的榜样，同时也会成为他们关注的焦点。如果你的孩子是这个焦点，说明他已经逐渐显露出非凡的能力。如果他还不是焦点也没有关系，他可以在玩中学会关注他人、尊重他人、向他人学习，只要不放弃，自然会有成为焦点的时候。

4. 提高孩子集中注意力的能力

很多游戏需要孩子集中精力才能完成，为了出色地完成游戏，他会集中自己的注意力，而且，有些游戏的玩法还具有比赛的性质。为了取胜，一些好胜心强的孩子，还会投入较多的注意力去争取胜利。久而久之，便能提高孩子集中注意力的能力。

5. 促进孩子左右脑的均衡发展

长期以来，由于受到应试教育的影响，很多老师和家长只是片面地注重孩子的左脑开发。如，只注重阅读、写作、计算、分析、逻辑思维等方面的能力，却忽视了对右脑的训练，一些音乐、舞蹈、美术之类的课程在中小学校只能当作副科来学习，很少被重视，即便孩子有这方面的爱好，也很难得到持续的发展。这样，孩子的右脑就会逐渐被限制。

6. 锻炼孩子解决问题的能力

孩子所玩的一些游戏项目，其实也可以说是社会问题和生活问题在某些方面的缩影，或是一个侧面的反映。在玩的过程中，孩子自然会碰到各种各样的问题，这些问题也将磨炼孩子的毅力。既想把游戏玩好，但又面临诸多的挑战时，他们不得不想尽一切办法去解决。当他们最终通过自身的努力，到达胜利的终点时，成就感会油然而生，而比这个更重要的收获还在于，在这个过程中，他们独立解决问题的能力也得到了提高。

当然，父母在此过程中所扮演的角色也非常重要，除了和孩子一起玩，还要观察孩子在玩中的表现，及时了解他的内心想法和感受，了解他如何表达兴奋和沮丧，观察他的忍耐力、好奇心和创造力。

其实，游戏是孩子模仿自然和社会的一种活动，是他们学习各种知识、熟悉社会的一种方式。所以，游戏不仅仅能让孩子掌握与同龄人交往的能力，还可以让孩子得到全方位的学习和锻炼。

不要给孩子戴上"紧箍咒"

在英国，有一个叫苏菲亚·尤索夫的孩子，有着巴基斯坦与马来西亚两国的血统。从她出生的那天起，父母就希望她将来能够出人头地，于是，他们对女儿进行了"残酷式教育"。当然，他们的这种"残酷式教育"也产生了效果，尤索夫13岁时就顺利地考入了牛津大学，攻读数学专业硕士学位。然而，这个看似前途无限的孩子，在硕士三年级考试结束后，为了摆脱父母的"残酷式教育"，突然从学校消失了。随后，她在给父母的电子邮件里说："我已经受够了你们的虐待……"

苏菲亚·尤索夫的"出逃"引起了英国教育界乃至整个社会的高度重视。为此，许多专家、学者纷纷发出呼吁，希望父母在对孩子进行教育时，要遵循孩子的成长规律，不要因希望孩子成才而不择手段地采取一些极端的教育方法。因为那样往往会促使孩子产生强烈的逆反心理，最后导致悲剧的发生。

在中国，许多家庭都是独生子女，父母对孩子关爱有加，但许多父母对孩子的爱，却在无形中给孩子戴上了"紧箍咒"，让孩子在得到父母关爱的同时备受压抑。很多父母可能会认为，自己把体力活全包下来，或者限制住孩子的玩心，就可以让孩子把全部的精力放在学习上。其实，让孩子干一些力所能及的体力活，就是锻炼孩子的动手能力；让孩子快乐地玩耍，就是锻炼孩子的创造能力。但如果我们把孩子的这两种能力都限制住了，便相当于把孩子的天赋扼杀掉了。如此一来，父母们望子成龙、望女成凤的愿望岂不成了无源之水、无本之木的空想了吗？因此，还是请父母取下孩子头上的"紧箍咒"，还给孩子一片自由和快乐的天空吧！

有些时候，孩子做出的事情会让成年人觉得不可思议，有时还会被弄得哭笑不得，但这都没有关系，因为这样，不正显示出孩子的可爱吗？如，浇花时，孩子除了会给花浇水外，还会想当然地给花篮浇水，甚至给皮球浇水；吃饭时会把饭菜撒到身上，还会将掉在地上的饭菜捡起来吃；穿衣服、鞋子时可能会穿反或穿倒；可能会将花朵放进冰箱，期待在冰箱里开出美丽的冰花……孩子的这些行为，用成年人的正常思维去理解，当然是可笑、离谱甚至是错误的。但这些对孩子来说，无疑是非常有趣和好玩的，而且，这些又是多么大胆的尝试呀！孩子从中获得的成就和欣喜，又何异于科学家实验成功的惊喜？孩子就是这样通过一步步的摸索、实践、思考而逐渐成长起来的。如果父母因为害怕孩子犯错误，而对他们进行各式各样的限制，尽管孩子不会有犯错误的机会，但同时也可能就失去了进步和成为天才的机会。

另外，喜欢问问题也是一个天才孩子所具有的特征，父母千万不要因为孩子提出的问题过于幼稚和可笑而嘲笑并阻止他的提问。每个孩子都有好奇心，这种好奇心恰恰是学习的最初动力。有了好奇心，孩子大脑发出的第一个反应往往是"为什么"，这个问号会促使他们使用语言向父母求证，并希望自己心中的疑问能在父母的帮助下得到解答。孩子就是在这一问一答中逐步增长智力，也是在这一问一答中逐渐开发他的潜能的。因此，如果父母限制孩子提问的权利，就等于限制了他的智力增长，最终会使一个天才的种子渐渐变成平庸之辈。因此，孩子的成长之路，是从取下孩子的"紧箍咒"开始的。

在游戏中提高孩子的兴趣

曾经拥有多项专利小发明的小亮，很小的时候，经常是不管拿到什么东西，就会想办法拆开来看一看，因为他觉得这样非常好玩。这在一般父母看来纯属破坏行为，好在小亮有一个较开明的父亲，父亲对小亮的这种行为不但没有责怪，反而给他一个自己的空间。在这个空间里，小亮可以尽情地玩，尽情地拆。小亮对拆装的兴趣越来越浓，玩起来也特别用心。他每拆下一个零件都按顺序摆好，等琢磨明白后，再将它们一一装上。就这样在拆了装、装了拆的过程中，小亮渐渐成了一个小发明家。

作为父母，能够做到欣赏孩子的兴趣很重要，这是培养孩子最应具备的能力之一，但父母只是学会欣赏孩子的兴趣还远远不够，还要善于发现孩子的兴趣以及判断此兴趣对他来说是否有利。只有做到这一点，才能对孩子的兴趣加以引导，并通过玩的方式逐步提高孩子的兴趣，使其发展成为一种能力。

父母应该怎样培养孩子在玩中的兴趣呢？

现在的家庭大多都是独生子女，孩子在缺少玩伴的情况下，往往会出现"不知道应该怎么玩"的尴尬情景，有些游戏一个人可以玩，但却容易产生厌倦情绪。对此，很多父母可能会这样回答，牺牲自己的休息时间陪孩子一起玩吧！应该说，有这种想法并能付诸行动的父母是值得肯定的，因为培养一个孩子确实需要父母付出很多的时间和精力，但如果父母在培养孩子的过程中，没有给自己一个明确的定位，所有的付出则可能会付诸东流。

在陪孩子玩时，父母应该给自己一个怎样的定位呢？首先，要明确自己的身份，自己是在培养孩子，而不仅仅是陪孩子。因此，在玩的过程中，父母应该是导演，孩子则是主角。父母不应让孩子牵着鼻子走，毕竟，孩子的兴趣是不固定的，他们的兴趣常常会突然转变，原来很感兴趣，后来会突然不感兴趣，原来不感兴趣，后来会突然感兴趣，这都是很正常的。父母要积极引导孩子的兴趣，而不是任由孩子自由发展。可见，父母与其"陪孩子玩"，不如"和孩子一起玩"，虽然两者都是玩，但却有着极大的差别。

1. 给孩子空间

可以带着孩子走入大自然，相信大自然中的很多事物都会成为孩子的玩具，而且这些还都是天然、环保、免费的玩具呢！孩子可能比父母更懂得利用这种大自然中的玩具，这个时候，聪明的父母应放手让孩子尽情发挥他的想象力和创造力，让他自由地在大自然中舒展个性。这个时候，父母没有必要紧紧地看着孩子，只要在大的方面把住安全关就可以了。

2. 赞赏孩子

当孩子在河边或者沙滩上捡到一块特别的小石头并向父母炫耀时，父母一定不要忘了，投给孩子一个赞赏的眼光、一句由衷的赞美；当孩子在沙滩里造出一座碉堡、一条隧道、一座大楼时，父母应及时夸奖孩子的杰作，这样，孩子才会更有兴致地创作出更加神奇的作品。

3. 主动与孩子合作

父母在陪伴孩子玩游戏的过程中，合作的方式有很多，比如，可以和孩子一起去找一大堆树枝、石子，将它们按种类、大小等不同标准分类，一起和孩子搭建一些建筑。如，用大一点儿的石头造假山、用小一点儿的石头铺路，用树枝造房子，用树叶当瓦片。

总之，父母如果能够和孩子一起沉浸在游戏的氛围中，一起欢笑、一起探究、一起动脑、一起享受和交流其中的乐趣，孩子必定会在愉快的玩耍中不断增长智慧。

父母小思：在游戏中培养孩子解决问题的能力

有心理专家曾做过这样一个实验，实验者让孩子们各自坐在一张小椅子上，玩游戏时不能站起来。在他们的前面不远处放一个盒子，里面放了一支彩色的粉笔。实验者给每个孩子三根不同长度的棍子，然后再给他们一些夹子，目的是让孩子们用这些夹子将三根棍子连起来，最终将粉笔移至盒外。只要孩子们能让粉笔离开盒子，就算完成任务。在做这个实验之前，实验者把孩子们分成了三组：第一组是观察组，即老师先做示范，然后再由孩子们来做；第二组是控制组，孩子们的一切活动都在老师的控制之下进行；第三组是游戏组，这一组老师只告诉孩子们可以借助棍子和夹子将粉笔移出来，但没有任何的演示和讲解，让孩子们随便玩这些棍子和夹子。游戏的结果是控制组完成得最差；观察组和游戏组解决问题的能力一样，但观察组的孩子们一上来就按照老师演示的样子把棍子连起来，只要没有成功就不再尝试，直接放弃；游戏组的孩子们却表现得非常出色，他们耐心地尝试了许多办法，一种不行再试另一种，很少有人主动放弃，结果每个孩子都用自己的办法获得了成功。

从上述实验中，我们可以看出，控制组的孩子解决问题的能力最差，一个原因是他们没有看过老师的演示，另一个原因是他们根本就没有一点儿自由，一切行动必须由老师来控制，而他们的本性又希望自由，这就和老师的要求形成了一种矛盾，这种矛盾无法解决，一直困扰着他们的思想活动，最终自然无法很好地完成任务；观察组的孩子虽然完成得较好，但由于事先看到了老师的演示，因此过于低估了问题的难度，真正要他们自己动手解决问题时，遇到挫折便失去了应有的耐心，不愿再做进一步的尝试，而是选择了放弃；游戏组的孩子虽然没看过老师的演示，也没有得到老师的指导，但由于他们是抱着玩的心态去解决问题，轻装上阵，没有任何的心理压力，解决问题时，虽然出现了一些困难，但他们可以寻找各种各样的方法，进行不断的尝试，最终很好地解决了问题，圆满地完成了任务。

反观我们身边的很多父母，教育孩子时，往往无意中把自己的孩子放到了如上述实验中的观察组，甚至是控制组的情境中。可想而知，孩子解决问题的能力最终会是什么样子。

通常情况下，孩子在游戏当中肯定会遇到各种各样的问题。要解决这些问题，他们就必须通过不断的学习和尝试，来认识这些问题直至最终解决这些问题。这样，无疑会对他们的智力开发具有举足轻重的作用。如果孩子在玩游戏时，父母替他们扫清了一切障碍，或者在他们碰到问题时都替他们解决，那么，孩子自然便会养成凡事依靠大人的习惯，永远也学不会自己去解决问题。上面的实验是教育孩子的一个经典的研究案例，专家们认为通过这个游戏，不仅能够培养孩子的探索精神，还能够提高孩子面对失败和挫折的忍耐力。也就是说，游戏不仅可以帮助孩子提高解决问题的能力，还可以培养孩子过硬的心理素质。

总之，游戏对培养孩子解决问题的能力具有不可忽视的作用。生活中，我们经常会看到这样一种情况，当孩子成功地解决了所面临的问题时，心中自然会产生一种说不出的愉悦感，因为在他看来他成功了，他是胜利者。

父母行动：在游戏中开发孩子的智力

很多健康的游戏，对于开发孩子的智力都有着非常重要的作用。科学研究也证明，童年时期的玩耍和游戏，会让孩子的大脑快速形成神经连接，编织大脑神奇的网络，最终使大脑潜能得到最大限度的开发。也就是说，在玩游戏的过程中，孩子的智慧和潜能会以原子裂变式的速度膨胀，以快于常人百倍的速度进入智慧发展轨道。

1. 培养孩子学会选择的智慧

日常生活中，父母可以通过各种游戏或亲子互动，培养孩子的选择能力，进而让他学会对事情做出正确的判断。在培养孩子的选择能力上，父母应注意三个要点：一是多出选择题；二是多搞活动，让孩子做自己喜欢的事；三是回答孩子问题时不要答得太满，要给他留有思考的余地。比如，孩子问："天上有没有飞碟？"父母不要不假思索地回答说"有"或"没有"，可以婉转地告诉孩子："这是一个很有趣的问题，但又属于自然科学现象，等你以后自己慢慢探索，相信会弄清这个问题。"另外，父母还应学会给孩子权利，让他自己去选择。

2. 培养孩子的创意能力

父母可以用玩具、故事、积木、图片、颜色、音乐等刺激手段，促进孩子创意能力的开发。只要孩子在充满创意的环境中成长，他的一生将具有无穷的创意能力。

3. 培养孩子学习的智慧

天才的一生，其实都是在学习当中度过的，因为对于他们来说，学习已经成为一种习惯、一种人生态度。父母应该怎样培养孩子的学习能力呢？

（1）培养孩子的学习兴趣。卢梭曾说过："要启发儿童的学习兴趣，当这种学习兴趣成熟的时候，再教给他学习的方法。"是的，如果没有兴趣，再好的方法也是没有用的。可以这样说，培养孩子对学习的兴趣是孩子智力教育的根本。

（2）让学习变得有吸引力。要让学习变得有吸引力，父母必须表现出自己对学习的兴趣，同时，认真地听孩子讲述他在学校的所见所闻，让孩子觉得学习是愉快的，还要鼓励、支持孩子在学校参加各种课外活动。

（3）帮助孩子养成良好的学习习惯。要培养孩子良好的学习习惯，并非一味地通过强迫就可以实现。父母可以给孩子规定出一个学习的时间段，即在这个时间段里，让孩子只做功课，不做其他事，等孩子把功课做完后，要让他玩个痛快，同时还要引导他听听音乐、学学绘画、练练书法等，鼓励他做自己感兴趣的事。

（4）让孩子看到自己的进步。对孩子来说，最大的乐趣莫过于在学习中取得进步，进步会让他对学习产生更大的兴趣和信心。因此，父母一定要注意经常让孩子看到自己的进步。例如，每天检查一下孩子的作业，把孩子的学习情况和学习成绩做一个简单的记录，并把孩子的作业本都收藏好，过一段时间将它们拿出来，让孩子自己比较一下。还可以和孩子一起探讨，这段时间他哪些方面有进步，哪些地方还做得不够。这样，孩子对自己的成长轨迹就会看得很清楚，对学习自然就会产生更大的信心和兴趣。

（5）为孩子树立适合的目标。目标是孩子奋斗的方向，如果设定的目标过高，则会让孩子望尘莫及，从而失去信心；如果设定的目标过低，则往往不能激发孩子的学习兴趣和追求新知识、探索新事物的欲望。因此，父母可以在孩子学习兴致较高时，为他设定一个合理的阶段性目标，并鼓励他去实现。

（6）创造良好的学习环境。孩子能否成才，环境十分重要。家庭作为孩子生活的基地，能否为孩子创造一个良好的学习环境，对孩子的学习有直接的影响。良好的家庭学习氛围不仅仅是安静、舒适的住所和明亮的书房，更需要靠父母自身的行为来营造。比如，父母对学习的态度和行为，就是营造良好学习氛围的关键所在。如果父母热爱学习，把学习作为自己最大的爱好，把谈论学习作为重要的话题，那就是给孩子创造了最好的学习环境。

4. 培养孩子运用知识的能力

英国哲学家培根曾说过："知识就是力量。"但如果进一步推敲，就会发现此话还有缺陷。一个人如果只有知识，但却不知道如何运用，其实还是无法产生力量的。也就是说"知识就是力量"，是源于对知识的合理运用。因此，父母应教会孩子将学到的各种知识合理地运用到生活当中去，让孩子学会活学活用。

5. 培养孩子把握人际关系的智慧

孩子的成长，与人际关系密不可分。父母可通过让孩子与外界接触并给予指导，培养其处理人际与公共关系的智慧。培养方法主要有以下几点。

（1）父母以身作则。父母要善于处理与家人、朋友、邻居的关系，为孩子创造一种文明、和谐的人际交往氛围，不要给孩子负面的影响。

（2）培养孩子的爱心。父母时常对孩子表现出关怀、支持和鼓励，对孩子形成善良、温和的性格具有直接的作用，同时，帮助孩子学会关爱和体贴他人，对孩子自信和自尊的形成有积极的影响。

（3）鼓励孩子与同伴交往。同伴交往可以为孩子提供分享知识经验，互相模仿、学习的重要机会。在实际交往中，孩子可以了解他人的观点，并以此为依据调整自己的行为，学会站在别人的立场，转换角度思考问题，逐渐克服以自我为中心的思想。

（4）合理要求孩子。父母应根据孩子的年龄特点，对孩子做出合理的要求，如，3~4岁的孩子常常会以自我为中心，缺乏换位思考的能力，下意识地会认为自己所想就是他人所想。如果你让一个3~4岁的孩子为妈妈选择生日礼物，他理所当然地会选择一些他喜欢的玩具，而不会为妈妈选择一束鲜花或一瓶香水。而对于6~7岁的孩子而言，他已经渐渐明白不同场合对他的行为会有不同的要求，并知道如何分享自己的快乐、帮助别人、与别人合作等。

（5）鼓励支持孩子。如果一个孩子生活在鼓励之中，他就会变得自信；如果一个孩子生活在讽刺之中，他就会变得懦弱。因此，父母一定要为孩子营造一个宽松、激励的成长环境，多给孩子一些表扬和鼓励，少一些批评和讽刺。在激励环境中成长起来的孩子，会获得一种愉悦和自信，拥有的积极状态将帮助他获得良好的人际关系。

总之，要启迪孩子的智慧，父母应做到给孩子时间，让他自己去安排；给孩子空间，让他自己去磨炼；给孩子条件，让他自己去探索；给孩子问题，让他自己去找答案；给孩子困难，让他自己去挑战；给孩子机遇，让他自己去把握；给孩子冲突，让他自己去解决；给孩子对手，让他自己去竞争；给孩子权利，让他自己去选择；给孩子梦想，让他自己去实现。

手机：我也是一部游戏的教材

在我的身上，可以找到很多益智游戏的教材，比如乐高、拼图、组装，等等，都能够从我这里找到教材。只要按照我提供的步骤，一步一步地拼下去，最后就是让你见证奇迹的时刻了。

第八章
读书，可以抵挡
一切诱惑

导读：读书管理

当一个人把阅读当成习惯，并融入自己的生活、工作和学习当中时，他的人生一定是充实的，也必定是幸福的，因为通过读书，不但可以提高他的修养和内涵，还可以开阔他的眼界。而一个没有读书习惯的人，往往容易变得肤浅、烦躁和狭隘。

人生有涯，而天地无限，不管是谁，都不可能把所有的事情都经历一遍，但通过读书，不但可以掌握知识，还可以纵观古今，与古今中外的智者进行对话，从而感悟人生，明白道理。所以，作为父母，如果能够在孩子年幼时就开始培养他的阅读能力和读书的习惯，那么对于孩子来说，将会受益终身。更为重要的是，因为有书的陪伴，因为享受到阅读所带来的乐趣，孩子对于外部的诱惑和干扰，自然就会有一种免疫力。

其实，细心的父母应该已经发现，每一个沉迷于手机的孩子，都有一个共同的特点，那就是不喜欢读书；相反，那些喜欢读书的孩子，手机对于他们来说，就只是一个工具，该用的时候就用，用完了就放下。

所以，从现在开始，让我们一起陪伴孩子读书吧！

每个孩子都有阅读的欲望

很多父母经常会被孩子提出的一些"幼稚"的问题弄得哭笑不得，甚至因此而心生烦恼，比如孩子经常会问："爸爸，太阳为什么是圆的？""人是怎么跑到电视里面去的？""妈妈，花儿为什么会开？"等等。其实，孩子所提的这些问题，正是孩子强烈的求知欲望在起作用，只要父母稍加引导，孩子自然就会知道这些问题书中都有答案；反之，如果父母觉得不耐烦，扔给孩子一部手机就什么也不管，这样就白白地错过了培养孩子养成读书习惯的最好时机了。

那么，孩子对于阅读的好奇心和欲望主要表现在哪些方面呢？父母可以从以下三个方面进行观察。

1. 喜欢听故事

几乎所有的孩子都喜欢听故事，他们缠着父母一遍又一遍地讲述同一个故事，极其认真地倾听着，似乎完全进入到故事情节之中，一旦父母无法满足他们的愿望，他们就会非常着急；孩子还喜欢"编"故事，希望故事中的主人公按照自己的意愿生活下去。所有的这些现象，都是孩子阅读欲望和能力的一种表现。

2. 对文字表示出强烈的好奇

孩子对生活环境中的每一种事物，都表现出强烈的求知欲望，他们常常以好奇的心态去发现新鲜的事物，并且努力寻找其中隐藏的秘密。在文字面前，他们也保持着这一积极的求知欲望。比如：当我们送给孩子一张写有文字的卡片时，他会很认真地"看"，因为变化多端的文字结构能够牢牢地抓住孩子的好奇心，随着孩子接触文字的增多，文字的读音、含义会引起孩子更强烈的探究欲望。从这一点来看，孩子的阅读欲望也是与生俱来的。

3. 喜欢看图画

6岁以前的孩子，他的思维还处于形象时期，因此这个年龄段的孩子一般会比较喜欢色彩鲜艳或者线条明显的各种图画。比如：当我们拿一本图案鲜亮的图画书送给几岁的孩子，他一定会被图书中的画面所吸引，表现出一种奇异表情，这种现象正是孩子阅读欲望的表现。

总之，孩子具有强烈的阅读欲望和潜在的阅读能力。那么，父母在培养孩子阅读习惯时，应该做到哪些呢？

（1）发现孩子的阅读欲望。孩子阅读欲望的表现除了上面三种以外，还有很多种形式，比如：当他们看见书本时会问"这是什么"，当他们听到父母朗诵时也会情不自禁地跟着朗读。这些都是孩子最初的阅读欲望。其实，只要父母留意观察，就会发现孩子的阅读欲望和能力有各式各样的表现形式。只要父母能够根据孩子的这些表现进行正确的引导，那么，培养孩子的阅读习惯将会很轻松地进行下去。

（2）呵护孩子的阅读欲望。当孩子表现出各种不同的阅读欲望时，很多父母往往忽略掉这些现象，甚至还会简单地认为孩子太幼稚、太啰唆，要么对孩子进行大声呵斥，要么把孩子赶到一边，让他自己玩玩具。其实，父母的这种做法正是扼杀孩子阅读欲望的表现，正是父母的这种表现，让孩子对阅读渐渐地失去兴趣和感觉。因此，聪明的父母在面对孩子表现出来的各种阅读欲望时，都会采取积极呵护的方法，以保证孩子的这种欲望和能力能够延续下去。

（3）培养孩子的阅读欲望。年轻的父母在培养孩子的阅读习惯时，一定要及时唤起孩子的阅读意识，激发孩子的阅读兴趣。如果看到孩子对简单的标记和文字符号感兴趣，可以引导孩子学习识字；要是孩子喜欢翻看图画，可以为孩子准备各种图画书，引起孩子对书籍、阅读的兴趣。通过这种引导，孩子会渐渐喜欢上阅读，并且养成良好的阅读习惯。

所以，父母要学会从日常生活中启发孩子的阅读欲望，比如：当孩子提出问题时，父母可以和孩子一起从书本上寻找答案；当孩子对某个玩具、动物特别感兴趣时，父母可以引导孩子从书中寻找同一物品的图片；当孩子说唱儿歌时，父母可以念出前半句，让孩子接着念后半句；等等。可以说，这些方法既简单易行，又可以随时随地培养孩子的阅读兴趣和能力。

抓住培养孩子阅读能力的最佳时机

在一位儿童教育专家举办的座谈会上，一位妈妈问道："我很想培养孩子的阅读能力，他现在已经上小学三年级了，但每天放学一回家，就开始玩手机，对读书根本就没有兴趣，请问我该怎么办？"

专家问道："你家孩子多大了呢？"

母亲回答道："8岁了。"

"唉，可惜呀，你已经错过了培养孩子阅读能力的最佳时期了！"

上面这位妈妈提出的问题，或许也是很多年轻父母心中的困惑吧！很多年轻的父母就是这样，在最适合培养孩子阅读能力的时候，却白白地错过了最佳时机，这实在是非常可惜的。

很多幼儿教育专家经过研究后发现：6岁以下的孩子都具备一种特殊记忆能力，比如对于汉字，不管笔画多少，孩子都可以在不需要反复背诵的情况下记住整个字形。但是，一旦过了6岁之后，这种特殊的能力就会慢慢地消失了。因此，在宝宝 3~6 岁之间开发他的早期阅读能力是最好的。

那么，到底是什么原因，让这些父母错过了培养孩子阅读能力的最佳时机呢？

很多年轻的父母认为，对于年幼的孩子来说，根本不需要刻意去培养他的什么技能，只要让他尽情地玩游戏就可以了，还美其名曰："要让孩子度过一个快乐而美好的童年。"的确，玩确实是每一个孩子的天性。作为父母，我们也不应该扼杀孩子的这种天性。但是，我们也应该知道，阅读本身也是游戏的一种。很多父母之所以认为培养孩子阅读会影响孩子玩游戏，是因为他们认为，阅读就是读书，就是学习，而学习是一件很辛苦的事情，没有必要让孩子过早地经历这种辛苦。其实，这是一个很片面的看法。因为所谓的"学会阅读"，指的就是让孩子体验到阅读所带来的身心快乐，虽然也是在读书，也是在学习，但只要父母能够为孩子创造一个轻松、和谐的阅读氛围，不给孩子施加任何的压力，孩子就会觉得阅读是一种相当愉快的体验，甚至把阅读和游戏结合起来，这不就是一举两得了吗？

所以，对于孩子的阅读，我们真的需要改变观念，不要再认为孩子读书是一件很辛苦的事了。所谓的"学海无涯苦作舟"，只是在外人看来苦而已，而喜欢读书的人，实际上是乐在其中的。打个比方，如果现在让家长们去玩乐高，大家肯定会觉得很辛苦；但如果让孩子去玩，他们可能玩上一天也不觉得辛苦。至于"头悬梁，锥刺股"的故事，则是比较极端的案例，而这样的案例，本身并没有代表性。

其实，父母完全可以把阅读当作一种亲子游戏，而不是一种教育行为。这样一来，阅读不但不是一件苦差事，而且还是一件充满快乐和愉悦的事。

当然了，很多父母可能还会有这样的疑惑："我的孩子现在连字都认不得几个，怎么可能会阅读呢？根本就没办法教嘛！"其实，阅读作为一种经过后天学习才能掌握的能力，是需要经过多次反复的练习和实践才能够达到的。因此，不管孩子是否识字，也不管他认识多少个字，只要父母有意识地让孩子接触阅读、了解阅读，自然就会激发出孩子对阅读的好奇心。而一旦孩子对阅读产生了好奇心，自然就会喜欢上阅读，并愿意阅读，最终学会真正的阅读。

总之，把握好培养孩子阅读能力的最佳时机，不但可以让孩子尽快地学会阅读，而且还是促进孩子素质全面发展的关键一环。因此，为了让孩子轻松学会阅读，父母应该抓住机会，尽早对孩子进行早期阅读的培养，让孩子参加一些与阅读有关的活动。一般情况下，如果能在孩子上小学之前就开始培养孩子的阅读能力，效果是最好的，因为孩子年纪越小就越容易培养。等孩子长大后，一旦散漫的习惯已经养成，那就很难改变了。所以，尽早培养孩子的阅读能力，不但可以让孩子感受到读书的乐趣，而且还能够帮助孩子抵制更多的诱惑，让孩子在轻松、愉悦的学习氛围中快乐成长。

培养孩子的阅读兴趣

在北京图书馆举办的一次儿童阅读讲座上，一位儿童阅读专家以自身为例，讲述了他在培养自己孩子阅读的过程中，是如何帮助孩子抵制手机诱惑、提高阅读兴趣的经验。他说："我们家虽然也有电视，但很少开，除非遇到有什么特殊的活动，才会打开看看。所以，在业余时间，我除了散步，就在书房里看书。我的孩子则在一旁安静地翻阅图画书和绘本。有时候，孩子遇到问题，就会主动向我提问。每当这时，我总是耐心细致地解答，这样日久天长，孩子对阅读的兴趣就逐渐增长了，等到上小学时，甚至可以拿着书给我讲故事了。"

的确，兴趣是一切活动的基础，而兴趣是可以通过培养而产生的。所以，如果你的孩子不喜欢读书，其实也是很正常的，因为没有哪个孩子一出生就喜欢读书。但是，我们可以通过培养，让孩子对阅读产生兴趣，并爱上阅读。那么，父母们该如何在日常生活中培养孩子的阅读兴趣呢？下面的这些方法相信会对年轻的父母有所帮助。

1. 从孩子感兴趣的图书入手

可以从一首儿歌或者一个简单的故事开始，只要孩子喜欢，不妨多读几遍，让孩子充分感受到阅读的乐趣和图书的价值。此外，父母在给孩子读完故事书之后，应该鼓励孩子对书中的故事和人物进行评价。这样，不但可以提高孩子的阅读兴趣，还可以帮助孩子熟练使用词语，锻炼语言能力。

2. 让孩子品尝到成功的乐趣

一般来说，阅读内容应该由简到繁，这样可以让孩子比较容易接触阅读，了解阅读的内容，并从中获得读书的乐趣和成就感。比如：当我们教给孩子一些简单的儿歌，孩子可以很快就把儿歌复述出来时，我们就要给予及时的鼓励。这样，孩子一定会为自己取得的成功而感到自豪，并对阅读产生足够的信心。

3. 不断刺激孩子的好奇心和求知欲

当孩子提出问题时，不管是多么简单和幼稚的问题，父母都要认真地对待，对孩子能够发现问题给予肯定和鼓励。当然，在帮助孩子寻找答案的时候，可以适当地进行反问，启发孩子主动思考，并提示孩子，他所提出的一些问题中，很多都可以从书中找到答案。

4. 父母要以身作则

很多父母为了让孩子养成读书的习惯，每天监督孩子读书，甚至是强迫孩子读书。这样做当然也有一定的效果，但这个过程会让父母和孩子都觉得很累。如果处理不好，还会让孩子感到压抑，变得焦虑，并对孩子的自尊心造成伤害。因为孩子之所以愿意读书，可能只是迫于父母的威严，而不是真的喜欢读书，所以只是暂时顺从父母的要求，但时间一长，孩子自然就会厌倦这种环境，进而对阅读产生抵触情绪。所以，作为父母，与其每天监督孩子读书，不如以身作则，自己也拿起书本，给孩子做出一个榜样来。

5. 灵活运用电视节目

随着孩子一天天地长大，他对周围环境的关注也会越来越多，越来越投入，不再仅仅满足于只看几本图画书了。比如集画面、图像、视听、动感、连贯于一体的电视节目，总是让孩子深深地着迷；而集趣味性与刺激性于一体的手机游戏，则更是让孩子爱不释手……面对这些诱惑，孩子往往会把书本扔到一边去。对此，很多父母不得不叹息："现在的孩子只喜欢看电视、玩手机，哪有心思读书？"这样的无奈，恐怕是当今大多数的父母不得不面对的吧！那么，我们应该如何把电视、手机与阅读结合起来，使之成为孩子阅读的好帮手呢？

有调查发现，只要是家庭中一天到晚开着电视机的，孩子一定会坐在电视机前不愿离开，而每天花上 3 个小时看电视的孩子，根本就不愿意读书。原因很简单，因为电视节目在传递信息的同时，也会给孩子带来强烈的感官刺激，其动感性和简捷性比图书更能吸引孩子。尤其是动画片，孩子们一看就懂，看得非常入迷。但是，我们也没有必要把电视看成是孩子阅读的大敌，相反，电视还可以帮助孩子阅读呢！比如，一些科普知识、动物乐园、纪录片等电视节目，是比较适合孩子收看的，而且父母还可以把孩子在电视上看到的一些画面，用书本上的知识给孩子进行解释，这样就会让孩子在看电视的同时，不但没有扔掉书本，还能将电视节目与书本上的知识结合起来。当然，父母除了要给孩子选择一些合适的电视节目外，还应该与孩子一起制订看电视的时间表，并按照时间表严格执行。一般情况下，3~6 岁的孩子每天看电视的时间应该限制在 40 分钟之内。

做好孩子的榜样

在小杰还只有三四岁的时候，望子成龙心切的父母就开始对他进行早期阅读教育。父母给他买了很多绘本、科普、国学等读物，每天晚上睡觉前，爸爸或妈妈都会陪着小杰先读半个小时的书，小杰也很喜欢这种亲子共读的时光，经常拿着书本找爸爸妈妈问这问那，甚至还会给爸爸妈妈分享一些自己已经掌握了的知识点。对此，小杰的父母也非常高兴，认为自己对小杰的早期阅读教育已经取得了成功。

然而，随着小杰渐渐长大，父母却逐渐失去了耐性，尤其是小杰上了小学之后，每天放学回家，父母第一件要做的事，就是催促他赶快写作业。而之前的睡前半小时亲子共读时间，也逐渐变成了小杰自己一个人读，爸爸玩手机，妈妈看电视。偶尔，小杰遇到有不太明白的地方，想问问爸爸妈妈，但爸爸只顾玩手机，连头都不愿意抬一下；妈妈则沉浸在电视剧的情节中，随意地应付小杰。于是，小杰也就不愿意再"打扰"爸爸妈妈了，也不愿意再读书，甚至连作业也不想完成，只是迫于压力而随便应付，结果所写的作业也是错误百出。等到上小学四年级时，小杰已经完全变成了一个十分调皮和喜欢捣蛋的孩子了。

无奈之下，妈妈只好带着小杰找到专家，并向专家询问："我们家这个孩子，小时候很听话，也很喜欢读书，但不知道为什么，越长大越不懂事，不但书不喜欢看了，就连作业也不想写了。您赶紧给我出个主意吧，我应该怎么办？"专家了解相关情况后，对小杰的妈妈说："其实原因很简单，孩子小的时候，你们给他做了很好的榜样，而且亲自陪伴他读书，所以他也很喜欢读书；但后来你们一个沉迷于手机中，一个沉浸于电视剧中，没有再陪伴孩子，甚至对孩子不耐烦，是你们让孩子太失望了呀！要知道，一个好习惯的养成，不是一朝一夕的，而是一个长期积累的过程，千万不要半途而废呀！"

听了专家的这番话，小杰的妈妈这才恍然大悟，原来问题虽然出在孩子身上，但根源却在自己这里。从此，她彻底把电视关掉，并与小杰的爸爸进行了一次长谈，同时约定：为了重新给孩子树立起一个正面的、积极的榜样，他们也要根据自己感兴趣的专业，继续学习和深造。后来，小杰也恢复了浓厚的学习兴趣。

从这个故事中，我们不难看出，小杰前后的每次变化，都与父母的行为息息相关。当父母耐心陪伴时，他就是一个热爱学习，而且乖巧的孩子；当父母只顾自己，不再管他时，他就反感学习，而且行为叛逆。为什么会这样呢？

父母的言传身教对孩子的影响是深远的，甚至是一生的。当了父母之后，不管平常的工作有多忙，都要坚持每天抽出一点儿时间来，与孩子一起分享欢乐的阅读时光。相信在这样的书香氛围中，不但可以促进孩子的主动阅读，而且还可以让父母暂时放下工作上的压力和生活中的烦恼，可谓是一举两得。

当然了，在刚开始培养孩子阅读习惯的时候，应该尽量挑选一些比较轻松的内容，比如绘本、短篇童话故事等。因为刚开始的时候，只有选择一些轻松的内容，才能让孩子在阅读中得到快乐；也只有在阅读中享受到快乐，才能在家庭中营造良好的书香氛围。同时，轻松阅读还可以迅速拉近孩子与父母的距离，双方找到更多的共同话题，拥有更多可以分享的感受。

另外，一旦开始之后，就要持之以恒，绝对不能半途而废。就像我们前面提到的小杰，之所以中间会出现反复，就是因为父母没有坚持。我们都知道，一个人偶尔做一两件好事并不难，难的是一辈子都做好事。同样的道理，父母们偶尔抽出一些时间来读书并不难，难的是每天都要抽出时间来读书。所以，坚持真的是一项很可贵的品质，只要你能够坚持下去，就会养成良好的习惯，孩子也会在潜移默化中越来越喜欢阅读，感受到阅读的快乐，从而在家庭中形成浓厚的书香氛围。

当然，坚持到底并非像我们嘴上说的这么简单，它需要我们具备一定的毅力。为了让自己能够坚持每天阅读，父母可以根据自己的实际情况制订出一份阅读计划，并严格按照计划执行，以此来进行自我监督，同时也可以让孩子来监督自己。等到逐渐养成一种习惯之后，你会突然发现，自己已经越来越离不开阅读了。

当孩子对父母的阅读行为着迷的时候，他会装模作样地翻看报纸、浏览杂志，还会指点书上的某些图画和文字，等等。对于孩子的这些行为，父母千万不要阻止，因为这正是培养孩子阅读习惯的机会，应及时给予引导，让孩子参与到阅读中来，让阅读成为生活中最常见、最吸引孩子的事情。

总之，要培养孩子的阅读习惯，离不开父母的言传身教。因此，作为父母，就算你以前不喜欢读书，但为了培养孩子，你就需要为孩子树立起一个榜样，自己先把书本拿起来。

正确教孩子阅读国学经典

儿童教育专家普遍认为，孩子长到 13 岁时，整个早期教育基本就已经完成了；有的甚至认为，孩子到了 13 岁，整个教育就已经完成了。如果孩子成长顺利，那么他在 13 岁之后就可以自己往前走，而父母只需站在孩子身后，看着孩子前行就可以。

为什么说孩子在 13 岁之后就不再特别需要父母教育了呢？原因很简单，因为孩子在 13 岁之前，需要养成坚强、自信、独立、谦让、诚信等品质，这是父母能够而且必须给予的教育；而孩子在 13 岁之后，他需要学习的是更多的知识、技能，这些主要由学校和社会来传授给他。但是，如果孩子在 13 岁之前没有培养出良好的德行和品质，那么即使他今后掌握再多的知识和技能，他也只能是一个自私自利、目中无人，甚至是忘本的孩子，而这恰恰是父母最不愿意看到的结果。

要想培养孩子良好的德行和品质，一个关键且直接的方法，就是让孩子在 13 岁之前阅读国学经典，接受传统文化的熏陶，因为传统文化对人的教育，首先是德行的教育，其次才是智慧的开发，也就是儒家所强调的"仁、义、礼、智、信"。而传统文化对孩子的教育方法，就是通过古圣先贤的至理名言和经典文章，让孩子明白做人的道理，并懂得孝敬长辈。从实用的角度来看，对传统文化的学习，还可以让孩子快速地增加识字量，提高孩子的记忆力、理解力和注意力。

1. 让孩子养成良好的思想品德

中国传统文化中有很多宝贵的做人做事的道理，比如："人不知而不愠，不亦君子乎？""三人行，必有我师焉。""凡出言，信为先。"……孩子在诵读这些朗朗上口的经典名句时，不仅能够识字，而且还在潜移默化中学习了中国传统文化及其中所包含的美德，培养起良好的人文素养、心理品质、道德品质和人生修养。

2. 培养孩子良好的行为习惯

现在的孩子，大多数都受到了长辈们的百般宠爱，这样的孩子虽然很幸福，但也使他们养成很多不良的行为习惯，比如：自理能力差，依赖性强；心理不成熟，没有毅力；我行我素，不懂得为别人着想……而在《论语》

《孟子》《三字经》《弟子规》等这些圣贤的经典著述中，恰恰给出了解决这些问题的方式和方法。

在北京一家国学课堂上，老师通过让孩子诵读国学经典，然后给孩子讲一些相关的小故事，比如"曾子杀猪""孟母三迁""子路负米"等，让孩子们不但积累了相关知识，而且还逐渐养成了良好的行为习惯。

3. 培养孩子的记忆力和语言能力

儿童时期是孩子潜能和记忆发育的关键时期，如果孩子能够在这个时期学习到古典诗词，比如《诗经》《千家诗》等，就可以有效地帮助他们进行智力和记忆力方面的开发。实践证明，孩子在朗诵古典诗词的同时，也学习到了优美的语言，并为今后的创作打下良好的基础。

在美国土生土长的中国诗词小天才张元昕，4岁时就开始在家学习中国古典诗词，从不看电视、不玩游戏机，也没有手机。上学后，她在每天上学和放学的路上，都会用10分钟的时间背一首诗，遇上什么季节、什么天气、什么景象，她就背什么样的诗词。到10岁时，她已经能够背诵1500多首古典诗词。后来背得多了，这些诗词便全部融化在她的心里，以至每当看到眼前的景色时，她的诗句便会像流水一样涌出来。仅仅用了几年的时间，她已经在不知不觉中创作出几百首诗词。

2008年，张元昕从自己创作的诗词中挑选出300首，结集为《莲叶上的诗卷》，交给一家出版社出版，并在社会上引起一定的影响。鉴于张元昕的出色才华，南开大学文学院破格录取她为中文系的本科生。2014年夏天，16岁的张元昕只用了3年时间即从南开大学文学院本科毕业，考上研究生。

一个在美国出生的华裔孩子，竟然如此喜好中华传统文化，并以中国古典诗词作为毕生追求的理想，确实是一件颇有意义的事。国学大师南怀瑾先生曾说："在心灵纯净的童年时期记诵下来的东西，如同每天的饮食，会变成营养，成为生命的一部分，长大之后在学习、工作、待人接物中能自然运用出来。"而张元昕的成功案例，正是对这句话的最好印证。

当然了，由于中国传统文化博大精深、源远流长，所以父母在鼓励孩子学习传统文化时，自己也应该学习一些国学知识。这样一来，不仅使自己更新了观念，收获了新的知识，还可以和孩子进行交流互动，促进孩子在学习上的提高和进步。

电子书与纸质书的对比

在电子阅读产品越发成熟的当下，关于电子书和纸质书的争议也越发激烈。

其实，手机到底有没有绑架我们的阅读时间呢？如果仅以阅读的时长来讲，电子阅读产品丰富之后，人们的平均阅读时间是增加了的，以前需要特意去买一本书来读，如今在手机上随时都能找到一本。便利是电子产品能够流行的关键，在竞争越发激烈的现代社会，人们的时间越来越宝贵，便捷且能节省时间的事物都会受到追捧。

但是，从阅读质量上来说，通过电子产品（通常是手机）获得的阅读体验要明显低于纸质书。一部手机，不仅有书的内容，还包含了太多其他内容，如同干扰源一样吞噬着人们的专注力，冲击着人们的大脑。比如当你正在阅读一篇学术文章时，一条微信进来了，近在眼前，总要看一看，如果是一条普通消息还好，回复一下就完了，如果是一条比较麻烦的消息，不论是否需要立即解决，都会干扰你的心绪，影响阅读效果。这种经历想必很多人都经历过，而且习以为常。再比如，阅读到文章中与自己的爱好有关的内容时，就会心绪波动，可能会关掉电子书，去查阅自己的爱好了。这种经历我本人也有过一次，读着读着，看到文章中有关于晚唐帝王的内容，因为我本人喜欢历史，脑子就溜号了，开启了对晚唐的"伤春悲秋"。

电子产品的直观感受和书籍无法建立连接。一本书捧在手里，会有书香味，想象着书中的情景，品味着作者传递出的情感，那是意境。可电子产品是一台智能设备，拿在手里只代表了一种产品，因为同时拥有其他功能，不能让我们专注于"持续且有深度的连续性阅读与思考"。

现在的学生被视为数字时代的"原住民"，是在智能手机、平板电脑和各种新技术产品包围下长大的一代，正在经历教育数字化，课本是否也会数字化？电子书能否取代纸质书？

关于电子书是否会"取代"甚至"毁灭"传统纸质图书的话题，在电子书流行之初，确实甚嚣尘上，电子书的支持者大有胜券在握之势。但10多年的发展表明，电子书对纸质书的替代效果并不明显，反而对纸质书的拉动作用大于替代效应。很多时候，一本纸质书出版后，由于其电子书获得了较多关注，从而有效地促进了纸质图书的销售。

在关于这个话题的研究中，我们收集了不同的数据（如阅读时间、阅读感觉、理解效果等），一些关键的发现揭示了纸质阅读和数字阅读之间的区别：

（1）学生群体更喜欢数字阅读。

（2）数字阅读比纸质阅读快得多。

（3）纸质阅读更利于整体理解。

阅读的目的是理解，不是为了阅读而阅读。学生阅读更多的是为了积累知识，因此读得是否快，内容是否更时尚，显然不重要，重要的是能否理解。纸质书在帮助人们理解书中内容方面效果优于电子书。

大量研究表明，用"纸质书＋笔"的方式学习，效果明显好于"电子书＋电脑／手机"。

同时，纸质书还有收藏功能，珍藏版图书是时代的标志，有些精品图书经久不衰，具有文献价值、版本价值、艺术价值、学术价值、文物价值等，价值越多，就越值得收藏。

父母小思：亲子共读是最好的读书法

成成的爸爸妈妈都是知识分子，因此两个人都特别喜欢读书。每到周末，他们必做的一件事就是一起逛书店或去图书馆借书。当然，他们每次去书店或者图书馆时，都会把成成带上，去的次数多了，成成对书店的环境与氛围便渐渐地熟悉起来，同时对书店与图书馆产生了一种特殊的感情。如果哪个周末父母有其他事情不能去逛书店时，成成便会有一种莫名的失落感……

成成的爸爸妈妈可能并没有意识到，他们的行为，实际上已经在不知不觉中创造了一个亲子共读的时机。而这个亲子共读的时机恰恰来自于书店和图书馆的书香氛围。

在现实生活中，很多年轻的父母总是埋怨自己的孩子不喜欢读书，自己也不知道该如何创造亲子共读的时机。其实，只要我们用心，只要我们积极进取，只要我们真正地关爱孩子，生活中处处都是亲子共读的时机，处处都是机会。

创造亲子共读的时机有很多方法，但最主要和最常用的方法还是带孩子逛书店和在家庭中举办"读书会"。

1. 带孩子逛书店

在上述的例子中，成成的父母虽然并没有刻意要求孩子一定要在书店里选书、购书，但他们的实际行动已经明明白白地告诉孩子：书店是个好地方，图书也是好东西。只要在孩子幼小的心灵中种下这种思想的种子，这粒种子就会在孩子的心中生根、发芽，最终将孩子引向充满趣味的书海中。

那么，父母在带孩子逛书店时，还需要注意哪些问题呢？

（1）选择合适的地点。刚开始带孩子去书店时，一定要选择离家比较近的书店，这样，父母才能有更多的机会带孩子去熟悉那家书店的环境。

（2）选择合适的时间。书店在一天的营业中，一般都会有高峰期，父母应该尽量避免在高峰期带孩子去书店，以免因为环境过分杂乱和拥挤而让孩子心生烦躁。

（3）教孩子应该注意的事项。带孩子去书店时，父母应该事先提醒孩子注意一些事项。比如：不要在书店内哭闹，不要破坏图书，不要在没有付钱的情况下将书拿走，等等。

（4）教孩子熟悉书店的环境。书店中的一些设施是孩子必须熟悉，并需要掌握如何运用的，因此父母应该尽快教会孩子。比如：适合孩子的图书在哪里，收款台在哪里，卫生间在哪里，父母在哪里等他，如何取书、放书，等等。当然，在孩子还没有熟悉书店环境的情况下，父母应该时刻陪伴在孩子的身边，既可以帮助孩子拿取图书，引导孩子翻阅，又可以及时了解孩子的需要和心理感受，让孩子在拥有安全感的情况下尽快熟悉书店的环境。

2.举办家庭"读书会"

父母可以每周举办一次家庭"读书会"，"读书会"可采取朗诵比赛、讲故事比赛、背诵诗歌比赛等形式。但比赛应以娱乐、趣味、游戏为主，尽量淡化比赛结果（如果孩子赢的话，就要给予鼓励和赞美）。总之，只要能够让孩子保持对阅读的热情，那么比赛的目的就已经达到。

另外，经常带孩子去图书馆、参观书展等，也是创造亲子共读的良好时机。

在孩子成长的过程中，培养孩子良好的生活与学习习惯，是父母义不容辞的责任。而亲子共读，既是孩子学习的一种手段，同时也是一种增进亲子感情的方式。父母还可以通过亲子共读教会孩子如何热爱生活、享受生活。因此，成功的亲子共读，应该是父母与孩子一起享受阅读的快乐，并让孩子由热爱图书、热爱阅读，进而热爱生活、享受人生。

父母行动：让阅读陪伴孩子成长

很多父母在谈到阅读对孩子成长的影响时，往往认为只是为了让孩子认字、学点儿知识、学写作文、应付考试，等等。但实际上，阅读对孩子所产生的影响远不止这些，我们应该让阅读成为帮助孩子获取生命价值的组成部分，成为一种生活方式，让孩子真正享受到阅读的乐趣。

而要让阅读陪伴孩子成长，我们必须有一个正确的价值观，那就是孩子将来不一定要大富大贵，但一定要有文化修养；不一定要出人头地，但一定要幸福快乐；不一定要名利双收，但一定要过得从容自由。只要我们拥有这样的信念，那么我们的孩子无论将来从事哪种行业，无论居住的环境如何，他也一定会把阅读当成自己生活品质的一部分。

那么，父母应该怎样做，才能让阅读真正陪伴孩子成长呢？

1. 培养孩子的"爱书基因"

培养孩子的阅读习惯，当然是越早越好，生活方式就像我们的口味一样：从小习惯吃米饭的，长大后就不容易习惯吃面食；从小口味清淡的，长大后也不习惯吃辛辣的东西。而阅读，也要像吃面还是吃米一样培养，从孩子小的时候就要培养他的"爱书基因"。也就是说，从小有了阅读习惯的孩子，如果每天不看一会儿书，就会觉得生活中缺了点儿什么。这样的孩子，即使学习压力再重，他也会抽出时间来阅读；当没有可以阅读的书籍时，哪怕是一张报纸，他也可以津津有味地看上半天。

2. 和睦的家庭氛围

孩子阅读习惯的培养与家庭氛围息息相关、密不可分，家庭氛围甚至起到决定性的作用。如果没有很好的家庭环境熏陶，比如父母从不看书，那么孩子是很难爱上阅读的；如果父母在城市里工作，却把孩子送回农村老家，让爷爷奶奶帮忙带，这样孩子就更没有机会接触阅读了。所以，要想培养孩子的阅读习惯，就得从营造阅读的氛围开始；而营造阅读的氛围，关键在于营造和睦的家庭氛围。

3. 陪伴孩子阅读

你可以是领导、企业家、明星、业务员、服务员……但都还有一个共同的身份，那就是父亲或母亲。其他的身份可以变化，甚至也可以失去，但父母的这个身份却是伴随你一生的。作为父母，其中一个基本的责任，就是陪伴孩子。然而，在现实生活中，很多父母并没有履行陪伴孩子这个基本责任，只会生硬地说教，让孩子"好好学习""好好读书"。这样的家庭环境，自然无法培养出孩子良好的阅读习惯。可以说，让阅读陪伴孩子成长是果，而父母陪伴孩子阅读则是因。如果没有因，果也就无从谈起了。

那么，具体来说，父母应该怎样陪伴孩子阅读呢？

当孩子还是婴儿的时候，父母可以为他读自己最喜欢的诗歌、散文以及一些有趣的故事；

当孩子到了学前阶段时，父母可以给他读睡前故事、童话故事，等等；

当孩子开始尝试自己阅读时，父母可以把他抱在怀里，依偎着一起阅读；

当孩子已经学会独立阅读之后，父母可以和孩子各拿一本书，在同一个房间里面阅读；

当孩子和父母谈论某本书的时候，如果父母没看过，不妨找来看看；

当孩子读得高兴，要读给父母听时，父母要认真听，并且做出真正理解后的反应……

要知道，对于父母的反应，孩子是非常在意的。如果今天他希望得到你的认可，你却拒绝了他，那么下一次他有了心得，就不会和你分享了。久而久之，他就不想跟你说话，也不愿意跟你交流了。所以，当孩子给你讲一些笑话时，或者书里他看到的好玩有趣的段落时，你是不耐烦地说"去去去，没看父母正忙着吗"，还是一本正经地说"你怎么老看这种书呢？这是不好的人生态度，人生的理想应该是很伟大的……"又或者你放松下来，把自己的频道调到孩童模式，和孩子一起欢笑，享受一下亲密的亲子时光呢？

有人说："我们读书，书里面并没有直接讲修养、讲哲学。但是，一种美妙的修养和哲学在阅读的过程中会毫无痕迹地渗入你的身体，渗入你思想的深处，成为生命的一部分，让你气质高雅，让你与众不同！"的确，就在日复一日的阅读中，就在孩子体验着一种又一种别样的生活中，就在孩子享受着文字带给他的快乐中，那些词语、名句、段落、章法、结构，等等，都会潜移默化地进入孩子的大脑中，然后出现在孩子的口中或者笔下，那些文明的言行、高尚的品格，就会悄无声息地化为孩子的品质。这就是书籍的滋养，这就是阅读的魅力。

手机：我最初的使命是帮助大家

我现在已成为人们工作和生活的标配，可以说已经完成了我最初的使命，那就是使大家的生活更加便利。然而，很多人却因为我而失去了学习时间和休息时间，相当一部分人更是因为我而导致心态日渐浮躁，根本没有办法静下心来，认认真真地读一本书，这是我万万没有想到的。所以，小朋友们还是离我远一点儿比较好，因为我除了能够帮大家打电话，查找一些资料外，其他方面远远没有一本书厚重。

第九章
好习惯是孩子
最大的财富

导读：习惯管理

培根曾经说过："习惯是一种顽强而又强大的力量，它可以主宰人生！"中国有这样一句名言："养其习于童蒙。"的确，好习惯可以让孩子一生受益，而坏习惯会贻误孩子的终身。所以，一个合格的家长，应该是孩子良好习惯的设计者，同时也是培养执行者，而且开始得越早越好，因为孩子尚未建立自己的心理定式，是最容易培养习惯的阶段。

可以这样说，在孩子的人生道路中，成功者的经验能给他带来启发，父母和老师的教导能给他带来指引，但任何人都无法替代和左右孩子的行动，只有一种力量可以帮助孩子做到，这就是习惯的力量。所以，孩子养成习惯的好坏，最终将决定他是否能够实现自己的理想和目标。

正如美国心理学家威廉·詹姆斯所说："播下一个行动，收获一种习惯；播下一种习惯，收获一种性格；播下一种性格，收获一种命运。"所以，请父母们行动起来吧！不要再整天盯着孩子的坏习惯不放了，改变一下我们的态度，从培养孩子的好习惯开始吧！

那么，哪些习惯才是真正的好习惯呢？我们又该如何去培养孩子的好习惯呢？在本章中，我们将会进行重点探讨，相信家长朋友们也一定能够从中得到一些启示，从而帮助孩子积累受益终身的宝贵财富。

培养好习惯是克服坏习惯最好的方法

英国哲学家休谟到了晚年时，知道自己的时日不多了，于是便把门下所有的学生都召集起来，给他们上了最后一课。上课的地点选在空旷的野外。学生们席地而坐，静静地等待老师给他们讲课，但休谟什么也没有讲，只是问学生："我们现在坐在什么地方？"

学生回答："我们现在坐在旷野里。"

休谟又问："我们的周围长着什么？"

学生回答："杂草。"

休谟又问："那你们说说看，怎样才能将这些杂草除掉呢？"

学生们觉得有些莫名其妙，因为他们根本就没有想到，一生都在探讨人生真理和宇宙奥秘的休谟，给他们上的最后一课，竟然会问这么一个简单的问题，但他们还是各自说出了自己认为很好的办法，于是有的说直接用手拔掉，有的说用火烧，有的说用铲子铲掉，有的说撒上石灰……

等学生们说完后，休谟微笑着站起来，说："今天的课就上到这里吧！你们回去后，按照各自的方法去除掉一片杂草。明年的今天，再到这里来相聚。"

一年后，当学生们又来到那个地方时，才发现四周已经不再是丛生的杂草，而是一片绿油油的庄稼，而此时休谟也已经去世了。临终前，休谟给学生们留下这样一句话："要想彻底除掉旷野中的杂草，办法只有一个，那就是在上面种上庄稼。"

从这个故事中，我们不难看出休谟的良苦用心。的确，不管是用手去拔，还是用火去烧，都可以将杂草除掉，但这都不是最彻底的方法，只有种上庄稼，才能让那些杂草没有生存的地方。而休谟给学生们上的这一课，并不是教学生们如何去除掉杂草，而是通过这件事来启发人生——要想让我们的心灵不被喧嚣的尘世所干扰，唯一的方法就是不断地充实我们的心灵，不要让它空虚。

记得当初读到这个故事的时候，我首先想到的就是我们现代人的生活状态。作为父母，大部分人一直在抱怨自己孩子身上有一大堆毛病，比如懒惰、贪玩、拖延，等等；作为孩子，大多数人也在抱怨自己父母的消极情绪，比如固执、霸道、强势，等等。为什么我们的身上有那么多的坏习惯，而且深受其害，却屡教不改呢？其实，原因很简单，我们之所以改不掉那些坏习惯，是因为我们没有好的习惯。所以，要想改掉那些坏习惯，方法也很简单，那就是多培养几个好习惯，让那些坏习惯没有立足之地。比如，我们不是一直在抱怨，孩子老放不下手机吗？那我们有没有想过，孩子的身上都有哪些兴趣爱好呢？我们有没有把孩子身上的这些兴趣爱好培养成他的一种习惯呢？而当孩子养成了良好的生活习惯和学习习惯之后，让孩子放下手机便是一件自然而然的事了！

那么，父母如何在日常的生活中，帮助孩子养成良好的习惯呢？下面的几点建议，父母可以参考一下。

1. 从小事做起

古人有一句名言："勿以恶小而为之，勿以善小而不为。"要养成良好的学习习惯，家长必须让孩子从点滴小事做起。例如，今日事今日毕，按时交作业，家长要抓住不放，持之以恒，一抓到底。经过长期训练，孩子便会养成好习惯。值得一提的是，在培养孩子的习惯时，切忌要求过多，全面开花。这样做的结果，往往一事无成——循环往复地提要求，没有一个要求落到实处，倒有可能养成一些不良习惯。所以，家长一定要循序渐进，先抓一项，成功之后再抓另一项。日积月累，逐步帮助孩子养成各种良好的学习习惯。

2. 专时专用的习惯

专时专用可以提高孩子的学习效率，但由于孩子在不同的年龄段个性也不一样，每次能够连续集中注意力的时间长短更是不一样，因此，父母提要求时一定要从实际出发。最重要的是教孩子自己给自己提出合理的学习要求，包括学习时间、内容、数量和质量等方面，这样，一旦孩子坐到书桌前，就会进入适度紧张的学习状态。当孩子按时完成任务时，就要允许孩子休息、玩耍，这样，孩子的学习效率自然就会提高。如果父母只知道要求孩子学习，恨不得让他整天坐在书桌前看书、写作业，没有休息与放松的时间，这样反而容易养成孩子磨磨蹭蹭、不讲效率的毛病。

3. 严格要求，反复训练

任何习惯的养成都必定需要训练乃至强化，对于孩子尤其需要规范其行为，才能培养出良好的习惯。学习习惯的改变与养成，在取得彻底胜利之前，不能有丝毫懈怠。要一直坚持到坏习惯土崩瓦解、好习惯根深蒂固的时候为止。

4. 培养孩子良好的学习心态

孩子学习的过程是艰苦的，但有苦也有乐。当孩子自觉性比较好的时候，应给予充分的肯定和鼓励，对孩子取得的每一点进步都应及时表扬，让孩子感觉受到了重视，而良好的习惯应该是一种自觉的行为。当孩子自觉性比较差的时候，应严肃批评，帮助他改正缺点，张扬个性、奋发向上。

5. 及时改错的习惯

孩子的错误其实是他进步的契机，关键要看父母怎样引导孩子。如果引导得当，坏事当然就会变成好事。具体方法是：可以让孩子准备一支红笔，随时改正自己练习本和试卷上的错误，以鲜艳的红色加深错误在脑海中的印象；然后再用另外一个本子，将这些错误收集起来，用"错别字举例""错题集"等形式进行分类，以警示自己，避免今后出现类似错误。时间一长，孩子自然就会变得谨慎和细心，再也不会犯一些低级错误了。

6. 认真书写的习惯

书写认真与否直接影响到老师对孩子的学习态度、学习质量的评价，卷面就是孩子呈现在老师面前的面孔，很多老师会不自觉地据此来打"印象分"。从另一个方面看，一个能够认真对待书写的孩子，往往也能认真对待学习。相反，一个连字都不愿好好写的孩子，我们很难想象他对待学习会是一种什么样的态度。父母应该培养孩子认真书写的习惯，这样不仅可以提高孩子的书写质量，得到众多良好的评价，还能促使孩子养成凡事认真仔细的好习惯，提高孩子的整体素质。

总之，只要父母根据孩子的心理特点，采取有针对性的方法，杜绝极端或粗暴的方式，就能帮助孩子养成良好的学习习惯。当然，孩子学习习惯的养成并不是一朝一夕的事，需要父母的耐心培养，勤检查、严督促，直到孩子达到"习惯成自然"为止。

感恩的心，感谢有你

有一位妈妈，在儿子睡觉前，除了要给儿子讲一个故事外，还要给儿子一个任务，即让儿子回忆一天中所经历的人和事，并要在心中默默感激三个人或者三件事。

这位妈妈之所以给儿子安排这个任务，是想让儿子从小学会发现人生美好的一切，并真心地感恩。因为她觉得，一个常常感恩的人，才会惜福，才会快乐，心灵才会圆满温润。

有一天晚上，儿子在钢琴边发呆了许久，妈妈以为他困了，便叫儿子上床睡觉。但儿子却没有什么反应，显然他在深思什么，于是妈妈便提醒他今天"感恩"没有。

这时，儿子为难地告诉妈妈，今天他感谢了为自己剪指甲的奶奶，为他上钢琴课的老师，可是，还少一件事需要感谢，想来想去，他不知还要感恩什么，正伤脑筋呢！

于是，妈妈便告诉他，只要是让自己觉得快乐的事，都值得去感激。这时，儿子歪着头对妈妈说："妈妈在阳台上种的茉莉花开了，所以我要感谢它！"

想不到儿子如此有心，妈妈也被他感动了。

妈妈在想：6岁的儿子，已经开始会感谢花开；等到秋天，他就会感激硕果；到了冬天，他一定会觉得富饶满足。

从这个故事中，我们可以看出来，心怀感恩的人，他的生活会更加快乐和幸福。实际上，在现实生活中，有很多值得我们感激的人和事，是他们让我们拥有了现在的一切。

但在现实生活中，很多父母总是抱怨孩子不听话，孩子则抱怨父母不理解自己；夫妻之间也是如此，男方抱怨女方不够温柔，女方抱怨男方不够体贴；在工作中，也经常出现领导埋怨下级工作不得力，而下级则埋怨上级不善解人意，没有给自己提供一个能够充分发挥才干的平台。总之，很多人对生活永远是抱怨，而不是感激，这样的人是很难体会到人生的快乐的。而之所以会这样，最重要的原因，就是他们从小没有培养出一颗感恩的心。所以，为了让我们的孩子能够拥有一个幸福的人生，我们应该从小培养孩子的感恩之心，这样他们长大之后，就会时时怀有感恩之心，而不是遇到一点儿挫折就开始抱怨。

其实，教孩子学会感恩，可以从让孩子感谢父母开始。要让孩子知道，即使是最简单的衣食，最质朴的关怀，也无不倾注着父母对他们的爱。另外，父母还可以向孩子讲述自己的奋斗经历，让孩子知道父母艰辛的付出，并懂得珍惜自己拥有的一切。

一位父亲是这样教孩子学会感恩的：从孩子上小学开始，就让孩子学会记日记，而且只记录生活中美好的事情。他这样做的目的，就是让孩子学会发现生活中的美好，学会珍惜自己所拥有的一切。

如今，孩子已经上了高中，虽然自己的家境并不算好，但孩子并不抱怨，因为他已经拥有了父母很多很多的爱，并体会到生活中点点滴滴的美好。现在孩子仍然坚持写日记，日记中大多仍是那些闪光的、充满正能量的事情。孩子总能保持着平和的心态，从不跟别人攀比，并且懂得为别人着想。所以，这个孩子在学校的人缘相当好，老师也很喜欢他。

事实确实如此，由于孩子的思想比较单纯，所以当我们教会他感恩自己的父母时，随着他慢慢长大，接触的人和事越来越多，他就会自然地把这种感恩的范围逐渐扩大，学会感恩老师、感恩同学，哪怕是对送给他一个微笑的陌生人，也会心怀感恩。

有一位母亲是这样培养自己女儿的感恩之心的：每年孩子生日时，母亲总是要带她到医院去看望当年的产科医生，感谢医生让孩子平安地来到这个世界上，是她用精湛的医术迎来孩子的第一声啼哭；每当孩子在学校取得好的成绩时，母亲也不是先夸奖她，而是首先提醒孩子，她的好成绩离不开老师和同学的帮助，所以应该要感谢他们。

这位母亲对女儿的教育，可以说充满了智慧，因为她明白，孩子终究要走出家庭，走向社会，如果孩子走向社会之后，只知道向社会索取，却不懂得回报社会，这样的孩子，其人生一定是不幸的。只有让孩子明白，自己的成长与进步，与别人的关怀与帮助息息相关，孩子才会懂得感恩，并学会回报。

培养孩子养成分享的习惯

据调查显示，我国的学龄前儿童大多是缺乏分享行为的。在现实生活中，孩子的独占（玩具、食物等）行为是一种十分普遍的现象。

那么，作为父母，我们应该如何让孩子养成分享的习惯呢？下面几点可以供年轻的父母们参考。

1. 树立榜样

家长是孩子模仿的重要对象。家长的日常行为、言谈举止和生活态度随时都对孩子的成长产生潜移默化的影响。父母一定要做有心的家长，在日常生活的一些细节中，要善于抓住一切有利时机为孩子做好行为示范。比如，当自己有了快乐的体验时，要以分享的形式讲给孩子听；当孩子正在玩玩具时，家长可以有意识地走过去对孩子说："爸爸可以和你一起玩吗？"或者说："你可不可以把玩具分给爸爸一些？"当孩子体验到分享带来的乐趣后，便会自觉产生分享的动机，模仿爸爸做出类似的行为。因此，家长必须经常检查自身的言行，为孩子做出良好的榜样。

2. 正面强化

常用的正面强化主要有两种，一种是口头语言强化，另一种是肢体语言强化。下面我们就分别来介绍一下这两种正面强化的引导作用。

（1）口头语言强化。口头语言强化是指家长用适当的语言肯定孩子的分享行为，强化孩子的愉快体验，从而激发孩子再次尝试分享的愿望。比如，在孩子们的日常生活中，我们常常看到这样的情景：一个孩子带来一辆新型玩具车，当其他的孩子想与他一起玩却一次次遭到拒绝时，那些孩子就会说："那我以后不跟你好了。"这时，带玩具的小孩马上意识到如果自己不与别人分享玩具，就可能会失去小伙伴，于是就同意跟小伙伴一起玩玩具。这时，家长就要抓住这一时机，问："和小朋友一起玩，你觉得高兴吗？"并进一步强化："有好东西应该和小朋友一起分享才对，因为你和小伙伴一起玩，所以你们才玩得那么高兴，你真了不起！"类似的情景发生后，如果家长都能注意及时强化，那么孩子在今后就会自觉产生分享的动机和行为。但家长在评价时要注意语气和语调，强化时要重点针对行为本身而不是针对本人，这样孩子才会产生积极的分享行为。

（2）肢体语言强化。肢体语言强化是指家长运用自己的动作、表情、眼神、姿态等变化来表达对孩子分享行为的肯定。比如，当发现孩子有分享行为时，家长可采取向孩子点头、微笑、竖起大拇指或用手轻轻抚拍其肩、头等方式，使孩子因得到家长的肯定而感到快乐和满足，从而在今后更愿做出类似的行为。

3. 创造分享机会

培养孩子学会分享，除了通过日常生活中的一些细节来进行引导，家长还可以通过创造一些机会来培养孩子的这一行为习惯。

（1）设立"分享日"。家长可以根据实际情况在一周中设立一个专门的分享日。比如，"玩具分享日"是让孩子在这一天将自己喜爱的玩具、宠物带出去与别人分享。再比如，"经验分享日"是让孩子在这一天将自己的成功经验和近期完成的作品向他人展示，孩子在展示和讲述的过程中，既能体会一种成就感，又会产生一种因分享而带来的快乐和满足感，还可以锻炼其口语表达能力。

（2）举办"生日会"。当孩子有办"生日会"的需求时，家长可以把"生日会"办成一个"分享会"。在"生日会"上，蛋糕、饮料、糖果等将成为小朋友共同分享的物品。家长在主持"生日会"的过程中要有意识地为孩子创造分享的机会。如家长在请大家唱完生日歌、说完祝词之后，就可以请"小寿星"简要谈一谈成长中值得分享的故事。然后，请"小寿星"为大家分发生日蛋糕，这是小朋友共同期待的时刻，在这一时刻，大家分享食物，体会着过生日者快乐的心情以及由分享带来的乐趣。

（3）才艺分享。每天为孩子提供短暂的几分钟时间专门开展分享活动。在这一时间段，孩子尽可能地把自己拿手的歌曲、舞蹈、诗歌、谜语、故事、笑话等分享给其他人。这样的分享活动可给孩子更多精神上的满足，让孩子展示才华。它不仅有利于培养孩子的分享行为，同时也有助于培养孩子大胆表现自我的能力，增强孩子的自信心。

4. 建立分享规则

为了让孩子的分享行为能够持续不断地进行下去，建立一定的分享规则是十分必要的。分享规则主要有以下几条。

（1）平等分享。要做到这一点不太容易。比如常听到孩子说"某某是我的好朋友，我要把我的汽车给他玩""你不是我的好朋友，我不能给你玩"之类的话。出现这样的问题，家长可和孩子一起讨论：是不是带来的物品只给自己的好朋友？别人想要怎么办？当别人把自己的玩具给你玩时，你是不是很高兴？如果别人不给你玩，你是不是很难过？让孩子通过情感的换位（如想想自己没有玩具时的体验）来体会、感受别人的心理，并学会站在他人的角度来思考问题，从而建立起平等分享的规则。

（2）共同分享。这是指在相同的时间内，两个或两个以上的个体自愿地结合在一起，通过相互间的配合和协调（包括语言和行为）融洽地进行分享（玩具、食物或其他），最终使彼此的情感都获得满足。比如在搭积木时，大家应商量好如何分工使用；自己带来的玩具让大家一起玩，带了好吃的东西邀请大家一起品尝，这样才能达到"你快乐，我快乐，大家都快乐"的目的。在刚实施此规则时，我们要先教给孩子协商的技巧。比如在与别人一起分享玩具前，要先同别人商量："我也想玩这个玩具，我可以和你一起玩吗？""我可以参加这个游戏吗？"在分享过程中，家长要协调关系，引导孩子与他人交流，在分享后家长要强化孩子共同分享的行为以及在共同分享基础上达到的合作行为，这样，共同分享的制度才能更好地建立起来。共同分享制度的建立，将为孩子今后更好地与他人合作奠定基础。

（3）轮流分享。这是指在不同的时间内，大家轮流使用分享物。刚开始实施此规则时，由于孩子的自我控制能力差，会发生一些争执。这时，家长可以教孩子遵守"谁先拿到玩具谁先玩"的规则，后来的人想玩可以说："我也想玩这个玩具，你玩一会儿可以给我玩吗？"渐渐地，孩子学会了协商，也了解到尊重别人及等待轮换的重要性。轮流分享制度的建立，可以帮助孩子解决一些分享中出现的问题，让孩子在玩具数量少的情况下也能顺利实现分享，同时为孩子将来成为守秩序的公民打下基础。

（4）先宾后主地分享。这是指孩子先让别人玩自己带来的玩具。当然，这种模式刚开始实施时会让孩子觉得很委屈，为什么自己的玩具要先让别人玩呢？这时家长可以引导孩子进行换位思考。比如对孩子说："你是否也希望别人先把玩具给你玩呢？"这样，孩子就容易调整自己的行为，顺利地与别人分享他的玩具了。而家长则要对孩子表现出的先他人后自己的行为给予肯定，以强化孩子在今后再做出类似的行为。先宾后主的分享模式可以培养孩子在现实生活中学会忍耐的品德。意大利教育家蒙台梭利曾指出："我们无法将'忍耐'的美德教给3岁的幼儿，但是靠幼儿本身在现实环境中体会却是可能的。"

需要说明的是，上述方法虽然在培养孩子分享行为的过程中都发挥着各自独特的作用，但是在实践中，这些方法要结合在一起，互相影响，共同发挥作用。实践证明，我们只有通过适当的方法引导孩子，在主观上让孩子产生分享的内在动机与愿望，让孩子的分享行为更加稳定、自觉，在客观上建立合理的分享规则，让孩子的分享行为更加规范、有序，才能让孩子最终养成分享的习惯。

培养孩子坚持的习惯

记得我小的时候，曾经看过一篇作文，写的是一个孩子在夏天观察蚂蚁的过程。因为非常喜欢，我还把这篇作文抄到自己的笔记本里。全文如下：

今天老师布置了课外作业，让观察蚂蚁，我很纳闷儿，蚂蚁有什么可看的，又小又丑。但老师让看，咱就得看。第二天是周末，我吃过饭就出门了，盯着地上寻找蚂蚁的踪迹。平时觉得蚂蚁到处都是，怎么想要找的时候全没了？好不容易发现了一只，跟没头苍蝇一样，也不知它要去哪里，跟着它的步履继续看吧！咦，它爬到了墙根处，一下子就没了，我轻轻拨开一片枯树叶，发现有个小小的洞，蚂蚁肯定回家了。

听老师讲过，蚂蚁是群居，一窝蚂蚁或许有几万只，怎么能让更多的蚂蚁出来呢？我迅速跑回家，抓起一个面包又跑回来，掰碎了放在洞口。等啊等啊，也不知多长时间，终于有蚂蚁出来了，围着碎面包屑转圈。越来越多的蚂蚁出来了，它们分成不同的小组，忙碌起来，将大大小小的面包屑搬回家。

我想，面包屑小，蚂蚁能搬得动，如果很大，它们还能搬动吗？即便搬动了，要怎么进洞口呢？想到这儿，我掰了一块有核桃那么大的面包放在了地上。蚂蚁们迅速发现了这块"天降美食"，但可不是想搬就能搬动的。蚂蚁们越聚越多，面包块上黑压压的一层，地上还有一层，蚁头攒动，乌泱乌泱的。不一会儿，蚂蚁竟然散开了，它们要放弃这块大食物吗？不，等等，它们好像都顶着什么？啊！原来它们采用了化整为零的方法，每只搬动一小块面包屑。

不用想都知道，面包块都被它们据为己有了。回家后，我的脑海里仍然是关于蚂蚁搬东西的场景，原来小小的蚂蚁居然如此聪明。后来我还特意找了一些关于昆虫的书籍阅读，真是大开眼界，世界太奇妙了，每种生命都值得尊重。

这篇作文虽然不长，但对细节的描写十分生动，比如对自己心态的前后变化，以及蚂蚁的不同寻常，都有传神的叙述。这篇作文激起了我观察蚂蚁的欲望，只是没想到第一次观察就遇到了大场面！

那是一个晴朗的周末午后，我出门了，在家附近寻寻觅觅。只见草丛中行走着一只蚂蚁，它与迎面而来的伙伴互相碰了碰头上的触角，就匆匆离开了，它在干吗？这只蚂蚁回洞了，不一会儿，洞里出来了一群蚂蚁，排着队沿着那只蚂蚁回家的路前行。它们抵达一片枯树叶堆积的地方，很快树叶被蚂蚁们齐心协力地抬起，露出了一只七星瓢虫。瓢虫是会飞的，这只应该是受伤了，只能爬行，没想到碰到了蚂蚁家族。蚂蚁们哪能放过送到嘴边的猎物，它们开始向瓢虫发动进攻，瓢虫也没有坐以待毙，而是拼命反抗，但毕竟"双拳难敌四手"，瓢虫被折磨得筋疲力尽，终于不再反抗了。蚂蚁们一拥而上……

具体过程不再描述，我观察蚂蚁的故事，是通过回忆后写的，虽然过去了这么多年，但那个场面依然记忆清晰。后来我也经常会观察各类昆虫，虽然说不上痴迷，但因为长期坚持观察，原本写作能力很弱的我，渐渐地也能写出一些很不错的文章了。其实，之前我之所以不会写文章，主要是我的观察能力不够，看到的事物只能记在心里，却落不到笔上，描写不出来。

所以，如果我们长期坚持做一件有意义的事情，等积累到一定程度时，就会得到巨大收获。比如，某位同学坚持练字，将"甲""乙""丙""丁"四个字反复各写了上千遍，等到再去写第五个字时，就会发现自己对于书法的掌握竟然进步了一大截。其实，这就像达·芬奇画鸡蛋一样，只要长期坚持，最后就会水到渠成。比如，我们培养孩子写日记时，刚开始孩子所记的东西可能只是一些流水账，但只要坚持下去，自然就会逐渐发展到写一些随笔、杂谈，等等。再比如，我们每天让孩子背诵古诗词，经年累月，积累量也将是惊人的。所以，再慢的功夫，只要认真做，也会出效果。

可以这样说，长期坚持做一件有意义的事，你所得到的收获，将不仅仅是与这件事相关的成绩，更重要的是一种能力的提升。尤其在节奏异常快速的今天，人们连阅读几百字小文章的耐心都越来越少，至于坚持，就更谈不上了。但坚持是一个人取得成就的必备素质之一，因为很多事不坚持到最后，你就无法知道自己到底有多优秀。

父母小思：培养孩子竞争的习惯

据说，在日本北海道，盛产一种味道鲜美的鳗鱼，海边的村民都以捕捞鳗鱼为生。然而，这种鳗鱼的生命力却十分脆弱，它一旦离开深海就容易死去，所以渔民们捕回的鳗鱼往往都是死的。

但是，村子里却有这样一位老渔民，他每天出海捕鳗鱼回来时，那些鳗鱼总是活蹦乱跳，极少有死的。而那些与他一块儿出海的其他渔民，虽然想尽了一切办法，但每次回来时，捕到的鳗鱼仍然是死的。因为市场上活鳗鱼比较少，自然就奇货可居起来，价格也是死鳗鱼的几倍。所以，虽然大家都是一块儿出海捕鳗鱼，但几年下来，那位老渔民却成了有名的富翁，而其他的渔民却还是只能维持基本的温饱。

时间一长，人们甚至开始传言老渔民有某种魔力，能够让鳗鱼保持生命。

后来，老渔民在临终时，终于决定把让鳗鱼保持生命的秘诀公之于世。其实，老渔民并没有什么魔力，而他使鳗鱼保持生命的方法也十分简单，就是在捕捞到的鳗鱼中，再加入几条叫狗鱼的杂鱼。狗鱼非但不是鳗鱼的同类，而且还是鳗鱼的"死对头"。当几条势单力薄的狗鱼一下子面对那么多的鳗鱼时，便惊慌失措地四处乱窜起来。这一下，激发了鳗鱼们旺盛的斗志，原本死气沉沉的鳗鱼就这样被激活了。

放入几条狗鱼，就能够使一群生命力极为脆弱的鳗鱼保持生命，老渔民的做法不能不令人惊奇，但如果我们明白了生命的发展规律，也就不足为奇了。实际上，生命之所以创造了那么多的奇迹，就是因为有竞争的存在。相反，如果没有了竞争，也就没有了斗志，而没有斗志的生命，也往往是一潭死水。

其实，我们的孩子也都像鳗鱼一样，拥有着与生俱来的特质和潜能，就看父母们如何将其激发出来了。如果我们什么都护着孩子，不让孩子面对竞争，每天吃饱喝足之后就无所事事，整天抱着手机看，那么我们实际上就与那些捕捞鳗鱼的普通渔民一样，让孩子的潜能在孤独和寂寞中沉睡，最后慢慢消失。而真正聪明的父母，则会给孩子创造竞争的条件，并鼓励孩子去面对竞争，因为他们知道，让孩子拥有一个强劲的竞争对手，会让孩子快速成长起来。尤其是兄弟姐妹之间，可以说既是彼此竞争，也是彼此成就。

犹太裔母亲色拉，曾先后结过 3 次婚，而且 3 个孩子都跟了她。当然，最让人佩服的，倒不是她结过多少次婚，或是有几个孩子，而是作为单亲妈妈的她，始终非常注重对孩子的教育，并最终将这 3 个孩子培养成为有担当、有能力的社会精英。

20 世纪 90 年代初，色拉带着 3 个孩子回到祖国以色列。当时，生活条件非常艰辛，为了生存，她每天都到街头卖春卷，而且还得每天按时接送孩子，洗衣、做饭、收拾家务，忙得团团转。后来，邻居的一位大婶实在不忍心看她这样，便对她说："在犹太家庭的观念中，从来就没有免费的食物与照顾，任何东西都不是白白得到的，每个孩子都必须学会自立，才能获得他们所需要的一切。"大婶的话提醒了色拉，于是一个全新的计划便在她的大脑中形成了。虽然她觉得这种教育方法有些残酷，但为了生活，她还是决定实施这个计划。

色拉开始安排 3 个孩子干家务活，并计件发给他们报酬。如果哪个孩子不愿意做属于自己的那份家务活，他可以请别人来做，但必须付给别人相应的报酬。色拉还安排孩子们轮流出去卖春卷，负责做春卷的孩子凌晨三四点钟就得起床，但不用到街上去卖，而到街上去售卖的孩子，早上 6 点钟起床就可以。

对于母亲的这种安排，刚开始时，3 个孩子并不十分适应，但为了得到报酬，他们也只好接受。渐渐地，他们又发现，自己干的活越多，得到的报酬也就越多。于是，3 个孩子都抢着让妈妈多给自己分配一些任务。

后来，老大和老二干脆要求去附近的市场再摆一个卖春卷的摊位。为了能够和市场管理员更好地谈判，两个孩子还在家里先进行彩排，一个充当摊主，一个充当管理员，色拉充当裁判，将谈判的每个细节，以及可能出现的问题和处理方法都事先想到了。结果，两个孩子与市场管理员的谈判进行得很顺利。更令色拉没想到的是，有了这些经历之后，孩子们越来越享受与别人打交道的乐趣。

色拉作为一位单亲母亲，竟然能够在没有"含辛茹苦"的情况下，就把孩子培养成才，这是因为她让孩子明白了这样一个道理——有竞争，才有进步，才会成长。所以，孩子在很小的时候，就懂得通过自己的努力去获取正当的报酬。当然了，色拉的这种教育方法，对于今天的我们来说，可能已经无法完全复制，毕竟时间、条件等都已经发生了变化。但是，这种教育理念还是值得我们去学习和借鉴的。比如，当孩子主动帮助父母做一些家务时，父母可以给孩子积分，等积分足够多时，孩子就可以拿这些积分去兑换自己想要的东西。

总之，只要我们真正为孩子着想，就会有办法激发孩子的潜质，让孩子在一种竞争的氛围中放弃躺平，主动成长。

父母行动：培养孩子参与实践的习惯

教育家陶行知曾提出"知行合一"的教育方法，即"行是知之始，知是行之成"。这里的"知"指的就是知识，而"行"指的就是实践。也就是说，父母在教育孩子的过程中，一定要把知识与实践结合起来。而对于孩子的成长体验，陶行知也曾有过一段精彩的论述："必定是烫了手才知道火是热的，冰了手才知道冰是凉的，吃过糖才知道糖是甜的，碰过石头才知道石头是硬的。"所以，要想让孩子真正成长，父母必须让孩子多多体验生活。比如，在寒暑假的时候，父母可以定期带孩子出去旅行，这样不但可以开阔孩子的视野，增长孩子的见识，而且还可以让孩子将书本上的知识与实践结合起来。

另外，让孩子参与实践，实际上也是在创造父母与孩子沟通的机会。比如，同样是一家人出去旅行，在做攻略的时候，有没有让孩子参与，其结果肯定是不一样的。目前，很多父母带孩子出去旅行时，所有的行程安排、费用开支等问题，往往都是由大人自己决定和计划，并没有跟孩子商量，只要求孩子配合。这种情况在我们大人看来，似乎合情合理，但我们却忽略了孩子也有自己的计划，而当孩子的计划与大人的计划发生冲突时，问题也就出来了，弄不好就会使原本愉快的旅行变成一路的争吵。父母只有让孩子参与进来，一起做攻略，共同安排行程，凡事与孩子商量，并尊重孩子的建议，才能让孩子成为真正的主角，才是父母陪孩子玩，而不是孩子陪父母玩。

　　我的一位朋友在寒假的时候计划带女儿去香港和澳门旅游。她的女儿只有12岁，刚上小学五年级，一听说父母要带自己到香港和澳门去旅游，顿时兴致十足，尤其是对香港迪士尼乐园非常期待。于是，朋友便对女儿说："你既然对香港迪士尼乐园很感兴趣，那我把这部分的行程交给你来安排吧！"女儿一听，更是高兴得连声答应。朋友又对她说："你可以先上网查一下，看看迪士尼乐园的门票、里面游玩的费用，乘车路线、附近住宿情况以及买什么纪念品，选择一套最佳的方案，然后盘算一下大概需要花多少钱。"女儿接受了这项任务之后，就忙开了。

　　后来，听朋友在电话里说，这次从香港、澳门旅游回来之后，她的女儿好像变了个人一样，觉得她突然长大了。不管做什么事，女儿都想办法帮父母多省一些钱，对于自己要买的东西，如果不是很急用，也就先放下了。

　　从这个案例中，我们可以看出，让孩子参与到开支的预算中，不但可以提升孩子的各项能力，而且还可以让孩子体验到父母的艰辛，能够做到凡事都尽量替父母着想。而当孩子有了这样的体验之后，是不可能为了自己的某项嗜好（比如玩手机、打游戏）而不顾父母的感受的。

　　所以，家庭中的一些日常开销预算，不妨让孩子参与进来。当然了，如果开销比较大的话，也可以让孩子单独预算某个项目的开销。这样不但可以为孩子提供一个学习与锻炼的机会，而且还能够让孩子懂得怎样合理花钱。

总之，让孩子养成参与实践的习惯，不但可以让孩子了解真正的生活，还能够培养孩子的全局观。而孩子在这个过程中所增长的见识，也将是他一生的财富。

辨析手机：利用手机养成良好的作息规律

手机确实是一把"双刃剑"，它既可以打乱你的生活节奏，也可以帮助你养成良好的作息规律。如果你贪恋它，你就会过起日夜颠倒，或者没日没夜、昏天黑地的生活；如果你利用好它，你就可以通过它来帮助自己，成就自己。记得 10 多年前的时候，我开始培养自己早睡早起的习惯，就是通过手机闹钟来实现的。每天早晚我都会各定一个闹钟。当早上的闹钟响起时，不管我当时睡得多么香，或者多么困，我都会强迫自己起床；当晚上的闹钟响起时，不管当时我有多忙，或者正在看多么有趣的东西，我也会告诉自己，睡觉的时间到了，然后强迫自己躺下。刚开始时，当然很不适应，但渐渐地就发现，早睡早起的好处实在太多了，比如每天早上上班之前，我至少有一个小时的时间让自己自由支配，要么锻炼身体，要么学习，而且出门上班时也从容了很多，不会再像之前那样每天都着急忙慌地出门，有时候还丢三落四的。

虽然我现在养成良好的作息规律，最主要的原因是自己决心改变，手机只是起到一个助手的作用，但如果没有这个助手，那么我的决心就很难落实。所以，父母们不妨尝试一下，每天用手机给孩子定一个闹钟，千万不要小看这个细节，它会帮助孩子成就很多大事的。

第十章
成长是一件
不容易的事

导读：成长管理

如今是一个讲求管理的时代，各个方面都需要有效管理才能产出最大价值。但人们很难将成长与管理联系起来，认为成长是自然过程，只要没有出现极端的情况，就不会耽误一个人长大。

当然，如果只是身体上的成长，确实不需要管理，只要有饭吃就可以了。但人的成长过程并非只有饮食这一个方面，还有学习、交际、情感表达、规则意识等。这是为什么？因为人类社会的生存环境决定了每个个体的成长并不仅仅是身体的成长，更需要心灵的成长。

俗话说："金无足赤，人无完人。"所以，每个人多多少少都会有缺点，也就是我们所说的短板，这些短板有的无关紧要，有的则会影响长板的发挥。比如某人脾气不好，虽然心地善良，但总免不了得罪人；比如某人信心不足，即使自己已经很优秀，却不敢表现出来；再比如某人工作非常努力，但由于疑心较重，所以不愿跟别人合作。这种情况在现实中并不少见，一些在某些领域能力出众的人，往往因为短板而错失了很多机会，最终在碌碌无为中度过一生。

其实，很多人之所以出现致命的短板，最主要的原因，就是在成长阶段出现了"偏科"，而且缺乏协调管理，只是一味地注重长板，却忽略了对短板的改进。

在本书的最后一章，我们将重点探讨如何对孩子的成长进行管理。毕竟，作为父母，为孩子所做的一切，目的只有一个，那就是让孩子成长、成人、成才。

关注孩子的心理需求

很多孩子之所以沉迷于手机游戏，主要是得不到父母的关心，感受不到家庭温暖造成的。一些父母会反驳这样的说法，自己每天工作赚钱，也是累死累活的，不就是为了给孩子创造更好的生活条件吗？不就是为了能够让孩子上更好的学校吗？怎么就成了没有关心孩子呢？怎么就让孩子感受不到家庭的温暖了呢？这样的反驳，从表面上看来，似乎也很有道理，毕竟很多父母所做的一切，确实是为了孩子。关键的问题在于，孩子更关注的是父母平常有没有陪伴他，有没有在他受到委屈的时候及时安慰他。如果没有，孩子就会认为父母对他很冷漠，于是便把自己心灵上的需求寄托在手机上了。

其实，在孩子的内心世界里，万事万物对他来说都是那么美好。没有杂质、没有谎言、没有欺骗、没有威胁，一切都是直来直去，他们的行为都是基于满足自己某种单纯的需要所致。如果父母因为平时太忙，对孩子的行为缺乏敏锐的触觉和思考，就会对孩子的想法产生很大的误解，然后不分青红皂白地对孩子进行批评和教训，这样就会让孩子对父母越来越失望。因此，关注孩子的心理需求，可以说是每一位家长必须学习的课题。随着孩子年龄的不断增长，他的自我意识会越来越强，他会逐渐认为自己是最重要的，进而有了想引起父母注意的需求，也就是说，有了渴望被父母重视和尊重的需求，比如有些孩子会利用一些良好的行为来取悦父母，并希望得到父母的赞赏和重视，从而满足自己的心理需求；而有些孩子则使用不恰当的行为表达自己的不满，以引起父母对自己的重视。例如，有的孩子会用暴力表现自己的能力，如果没有引起父母的关注，他又会显得情绪低落、极端与消极。如果父母此时再对孩子横眉怒目，孩子受到的伤害就更大了。

那么，父母应该怎样准确地了解孩子的心理，并去满足孩子的需求呢？

1. 主动倾听孩子的心声

对于孩子的心声，父母一定要主动地倾听，而不是不闻不问。父母可以从孩子的需求、兴趣、爱好、性格、交往、消费、困惑、学习等方面，对孩子进行多方面的关注，并主动和孩子进行沟通与交流，尽量避免给孩子造成心灵上的创伤。在日常的生活中，不管父母工作有多累、多忙，也应做到每天腾出一些时间来陪伴孩子，这样才能及时发现孩子的细微变化，并从孩子的这些细微变化中了解他的心声和需要。

2. 给孩子空间

儿童教育专家多项实验研究表明：当孩子在一种自由的状态中缓慢、持续地成长时，他对感官所接触到的一切事物，可以通过大脑将其特质提取出来，并成功地把这些事物联系在一起，构成一个适合自己生命状态的系统，并与环境和谐相处。所有这些，只有靠孩子自己来建构。至于孩子如何建构，虽然目前尚未得知，但大量的事实证明，孩子能够依靠自身来建立理想的系统，这就需要父母为他提供一定的空间、时间和自由。因此，父母在陪伴孩子的同时，尽量做到不要过分限制孩子，给予孩子应有的空间。

3. 给孩子尊重

我们知道，即使是很小的孩子，也有自己的人格和尊严，也需要得到别人的尊重，而父母对孩子的尊重，会让孩子变得越来越好，即使是"坏孩子"，也会逐渐变好。

曾经有这样一个"坏学生"，学校里的所有老师几乎都对他失望了，但他的班主任却无意中发现这个孩子非常讲义气，于是便安排他来管理班上的纪律。这件事令这个孩子万万没有想到，自己在学校向来都是人见人烦，而且早就习惯了，也就不以为意了，但现在竟然得到老师的器重，这使得他又开始重新定位自己。于是，从那天开始，他好像变了一个人似的，不但自己再也不惹事了，遇到同学们有不良行为还能出面制止。渐渐地，他成了一个受老师和同学们欢迎的孩子。

4. 给孩子包容

孩子一般都有比较丰富的想象力，敢于实践，甚至会有一些近乎离奇的想法和做法。对此，父母应多些理解和包容，并进行具体的分析和引导。孩子年龄越小，自理能力就越差，对是非的辨别能力也比较弱，因此很容易做错事，甚至会搞一些恶作剧。对此，父母不应只是简单地对孩子进行批评和训斥，而应给孩子改正的机会。相信所有的孩子都是求上进的，只是需要父母耐心地对其进行引导。

5. 给孩子梦想

任何一个成功者，他的心中都有一个梦想，因为拥有梦想才能产生前进的动力。梦想让他不畏艰难，梦想让他敢于挑战权威，梦想让他勇往直前。比如，正因为有了飞天的梦想，莱特兄弟才发明了飞机；正因为有了制造光明的梦想，爱迪生才发明了电灯；正因为有了探索宇宙的梦想，加加林才成为第一个从太空看地球的人……正是由于人类的许多梦想，才使一些原本不可能的事变成了可能。所以，千万不要忽视孩子的梦想，它可以让孩子产生无穷的动力，并最大限度地激发孩子的潜能。

总之，只要父母能够及时关注孩子心理上的需求，并做出回应，那么让孩子放下手机就不难。因为在孩子看来，来自父母的温暖和关怀，才是实实在在的。只要孩子的内心丰盈，自然就不会沉迷于外物。

让孩子远离诱惑

我家附近有家小餐厅，环境很好，浓浓的家乡味，是我经常光顾的原因之一。另一个原因是，老板的一对双胞胎儿子活泼、可爱、有礼貌，看着就养眼。做家庭教育工作的人，也有自己的职业病，喜欢观察孩子的成长过程。在餐厅里，孩子可以得到父母很好的陪伴，父亲在孩子遇到学习方面的问题时，给予及时的帮助。我发现这位父亲对待客人的态度，对待不同客人不同的应对方式，父母对待菜品、对待工作的要求，都对孩子有很多正面的影响。与孩子聊天的过程中，我也能发现孩子在学校的人际交往中，有很多可圈可点的闪光点。看来，不管做什么工作，不管有多忙，只要用心陪伴，孩子总能成为父母的骄傲。

我感叹没多久，就发现两个孩子不来餐厅了。几次不见孩子，我忍不住问老板："你家的两个宝贝呢？"

老板听了我的问话，脸上随即漾起笑容，说："在家里写作业呢！"

我好奇地问："原来不是在这里写的吗？"

老板耐心地给我解释："已经有一段时间不让他们在这里写作业了。因为经常会有客人跟他们说话，如果不回应，显得没有礼貌；如果回应了，思路就容易被打断。还有，电视的声音也会影响他们，有时候节目很好看，他们也会被吸引过去，导致注意力不能集中。所以，我就干脆让他们在家里写作业了。"

听了老板的解释，我虽然觉得有点儿遗憾，但转念一想，也确实是这个道理。毕竟孩子的定力不足，面对各种各样的诱惑，总是容易分心，或者走神。所以，给孩子创造一个安静的学习环境，就是父母的义务；让他们远离诱惑，更是父母的责任。

其实，在现实的生活中，我们的孩子所面临的诱惑是无处不在的。而一些父母为了考验孩子的定力，往往会试图让孩子去战胜诱惑，但这样的尝试，实际上并没有太大的意义，甚至还会让自己伤心、失望。所以，最好的办法，还是让孩子远离诱惑。比如，对于已经有金钱观念的孩子，如果你不想让他乱花钱，就不要把钱放在一个他看得见，而且随手可拿的地方；对于喜欢玩手机的孩子，就不要轻易把手机交到他的手上，即使让他玩，也要有一个时间上的约定，只要时间一到，就得收回来；对于喜欢喝饮料、吃甜食的孩子，就要尽量让他远离"甜蜜诱惑"……

实际上，反观身为父母的我们，在面对现实中各种各样的诱惑时，很多时候也分辨不清，或者把持不住，我们又怎么能奢望让孩子去战胜诱惑呢？而且，这样的要求，本身也不符合孩子成长的规律。

另外，如果经常让孩子处在诱惑之中，孩子可能会越来越多疑，做事时也容易患得患失。这对于孩子意志力的培养实际上并没有任何好处，搞不好还会弄巧成拙，让孩子的心智发展受到严重的影响。

对于童年时期的孩子来说，他们正处于生理发育和心理不断变化的时期，他们天真活泼、敢想敢干、精力旺盛、好奇心强、求知欲强，但理解能力差，不能正确认识事物的本质，再加上缺乏克制能力，所以很容易受到社会上一些不良习气的诱惑，成为"问题少年"，甚至走上犯罪的道路。这一点，父母们一定要给予足够的重视。

时下，社会上的一些不良风气正逐渐渗透到家庭和校园里，这些不良风气不仅损害了孩子的身心健康，也影响到孩子以后的世界观、人生观和价值观，还有可能毁掉孩子的一生。据调查，最容易对孩子造成影响的不良风气主要有以下几种。

1. 网络的诱惑

中国互联网络信息中心发布的《2020 年全国未成年人互联网使用情况研究报告》显示，2020 年未成年网民已经达到 1.83 亿人，而且触网低龄化趋势更为明显。在这份报告中，我们会发现未成年人上网成瘾的问题越来越严重。有些孩子因过分地迷恋网络，经不住诱惑而成为"俘虏"；有的孩子因沉湎于网络而导致不愿与人交往，性格冷漠、脾气暴躁，出现辍学、离家出走、偷窃等行为。

2. 赌博的诱惑

近年来，赌博行为开始渗透到一些校园里。尤其是在一些纪律涣散、管理松弛的学校。有的学生竟然公开在校园里赌博，还有的学生甚至在课堂上通过传递纸条和打手势的方式赌博。参加赌博的学生有的是因为学习成绩不好，赌博是他们逃学和打发时间的一种方式；有的则是经不住别人的诱惑而进入赌博场地的。赌博不仅会分散孩子的精力，影响学习，而且一旦上瘾就不易戒除，既浪费了时间、金钱，还会引起如失眠、健忘、食欲不振等诸多问题。

孩子的赌博筹码多种多样，有现金、实物，甚至是侮辱性的惩罚。孩子开始赌博时只是觉得好玩，但时间久了，就会逐渐陷入其中而不能自拔。

3. 色情的诱惑

在色情的诱惑面前，孩子似乎显得更无力抵抗。一些不法经营者更是见利忘义，向孩子兜售黄色书刊、音像、图片等。特别是影视剧、互联网上色情视频的泛滥，更是诱惑孩子的直接因素。

4. 暴力的诱惑

一些影视剧中对武打、侦探等剧情的表现，是孩子受暴力诱惑的主因。

孩子的模仿能力都比较强，而影视剧中的一些剧情更是孩子重点模仿的对象，这就导致孩子在模仿的过程中，不知不觉地就会出现一些暴力的倾向。另外，由于社会上的一些不法分子对校园的渗透，使个别校园里出现以大欺小、高年级学生对低年级学生进行勒索的现象。而不管是欺负者还是被欺负者、勒索者还是被勒索者，实际上都是暴力的受害者。

5. 追星的诱惑

青少年阶段是孩子心理上的"断乳期"，这时孩子的独立意识明显增强，渴望摆脱对父母的依附而自己独自设计未来。因为脱离了对父母的依赖而产生了"情感真空"，此时就容易出现崇拜偶像的现象，加上学习的压力和精神生活的贫乏，孩子极需要抚慰和情感沟通，明星便成了他们理想化的追求目标。

曾经有一所中学以"谁是我最崇拜的人"为题，对本校学生进行随机调查，结果发现，孩子们最崇拜的人，既不是父母或老师，也不是科学家或企业家，而是一些当红的歌星和影星。对明星的崇拜，已成为很多孩子精神的寄托，有些孩子甚至为了追星而离家出走、自杀等。

上面的这些诱惑，已经对孩子进行了重重包围。美国某传媒公司曾经对全美各监狱的 16 万名未成年罪犯进行了一项详细的调查，结果发现一个令人吃惊的事实，那些不幸的孩子之所以沦落到监狱中，最直接的原因，就是外界的各种诱惑，而他们都成了外界诱惑的俘虏。

卢梭曾经说过："从孩子开始对事物有分辨力的时候，就应该教会他忍耐和选择。"的确，作为父母，我们一定要及早教会孩子学会分辨是非的能力，并让孩子远离诱惑；如果没有办法彻底远离，那就尽早培养孩子抵制诱惑的能力。当然，这需要一个不断训练的过程，父母必须付出足够的耐心。

帮助孩子找到游戏之外更优秀的自己

游戏最吸引人的地方在哪里？

是谁也不能超越自己的那份独尊感！

是花钱就能获得价值提升的满足感！

是让自己轻松实现虚幻理想的成就感！

是那种要风得风、要雨得雨的肆意感！

是通过努力很快就能让他人羡慕的自豪感！

是弥补现实生活中不敢轻易尝试的新鲜感！

你有过这样的经历吗？ 2008 年汶川地震时，我认识了一位志愿者，他是一位充满爱心的人士，日常的献爱心活动中总能见到他的身影，各种灾难募捐，他总是积极现身。他就曾经经历了这样迷幻的游戏人生，但最后终于走出泥潭，寻找到了更积极、更有意义的事情，让自己变得更加优秀。下面看看他给我们讲的故事。

我最早玩的游戏是任天堂，可能很多中年朋友都有记忆，几十合一，几百合一，各式各样的游戏，总有一款适合你。我最喜欢玩的游戏是坦克大战，每次玩都有身在战场、呼啸前行的感觉，看着敌人的坦克被一辆辆消灭，成就感自然就出现了。自己单打时，需要一边照顾家，一边消灭敌人，眼观六路，耳听八方，手脚并用，浑身跟着使劲。我玩这个游戏堪称朋友圈的顶级高手，任何与我配对双打的人都只能打下手，任何与我对打的人都被我"上了一课"。即便到现在，只要战争片中出现坦克，我都会为之一振，感觉自己也在战斗一样，并且会战无不胜，哈哈！这款游戏让我体会到了在现实世界中无法获得的快感，这些感受成为我成长的一部分。所以，独尊感、满足感、成就感、肆意感、自豪感、新鲜感，都源于我是"资深玩家"的自封。

不用想都知道，我不止玩坦克大战，还有人见人爱的超级玛丽、花见花开的摩托机车、手下留情的小雪人、身强力壮的魂多罗、成群结队的小蜜蜂、行踪飘忽的炸弹人、神神秘秘的影子传说、偷偷摸摸的鬼子进村……我一共玩了一年多的游戏，家人看到我沉迷于游戏也很生气，发生过几次冲突，后来父亲一气之下将游戏机处理了。如今回想起来，这段玩游戏的经历是很快乐的，但我也庆幸自己没有继续玩下去。

玩物丧志是那个阶段我听到最多的话。的确，每天放学回家的第一件事由写作业变成了玩游戏，脑子里心心念念地想着怎样通关，甚至还做了详细的笔记。父亲在看到我的"心血"后，曾经说了一句天下父母都会说的话："有这精力用在学习上多好！"游戏机离我远去，为此我难过了好几天，仿佛自己的灵魂都被游戏机带走了。父亲对我说："什么事情用心做都能做好，打游戏是这样，其他事情也是这样。你如果能做好另外一件事，会收获比玩游戏更大的快乐。"尽管父亲处理游戏机的行为让我感到愤怒，但我记住了他对我说的这句话，以后做的每件事情，我都用心尽力去做，很多事情我都做得一样出色。

的确，他似乎是一个全才，下棋、跑步、做饭都很在行，也非常优秀。他更有独立性，大学一毕业，就到南方闯荡，目前是"世界 500 强企业"的一个部门主管，已结婚生子，过着幸福的家庭生活。

所以，作为父母，我们千万不要认为孩子沉迷于游戏之后就无法自拔，或无可救药。只要我们鼓励孩子去寻找游戏之外更加优秀的自己，孩子就能够在真实的体验中享受到成长的乐趣，以及游戏无法代替的成就感。

孩子的成长不能缺少爸爸的陪伴

在传统的家庭分工中，向来有"男主外，女主内"之说。因为男人代表阳刚之气，具有开拓和进取的精神，所以要走出家庭，到社会上去建功立业，即使没能成就一番事业，做到千古留名，至少也要承担起养家糊口的责任；而女人则代表阴柔之美，拥有贤惠和内敛的品质，所以主要任务是把家庭打理好，承担起相夫教子的责任。这种家庭分工有一定的合理性。然而，正所谓物极必反，再怎么合理的事物，一旦绝对化，就会造成很多弊端。就拿教育孩子来说，本来是爸爸妈妈共同承担的责任，但很多爸爸却往往以工作太忙、应酬太多为由，将教育孩子的责任全部推给了妈妈，结果导致孩子出现了一系列问题。

其实，只要我们稍微观察一下，就不难发现这样一个现象，那就是有的男孩子阴柔有余、阳刚不足，谨慎过度、缺乏魄力。为什么会这样呢？原因很简单，那就是这些孩子在成长的过程中，很少得到爸爸的陪伴。也就是说，孩子缺少了一个共同成长的"哥们儿"，这个"哥们儿"就是爸爸。

徐兵在 26 岁时就有了儿子，但他那时候根本没有意识到自己已经当了父亲，更没有意识到作为父亲所应该承担的责任。所以，在之后 10 多年的时间里，徐兵一直都把心思放在事业上，几乎每天都出差，把家里的事全托付给妻子，对儿子的事情也从来不闻不问。不知不觉间，儿子已经上中学了。有一天，徐兵下班回家时，偶尔看到儿子的考试卷子，发现孩子考的成绩太差了，一问妻子，才知道儿子的学习向来糟糕。徐兵听了之后，十分气恼，当时就想好好地教训儿子一顿。没想到儿子却对他说："我要和你进行平等的谈话。"这时，徐兵才突然意识到，儿子已经长大了。而在这个成长的过程中，他几乎没怎么陪伴过儿子。想到这儿，徐兵的心里别提有多愧疚了，要知道孩子的成长只有一次啊！而这种父子之间缺乏交流的遗憾，如果再不补上，以后就真的没有机会了。

从那以后，徐兵抓住一切机会和儿子相处，并经常与儿子进行交流，直到儿子上了大学，他们依旧保持每天交谈的习惯。

音乐家贝多芬曾说过这样一句话："我不知道有什么比教养一个孩子成人更神圣的职责。"是啊，工作固然重要，事业也很重要，但是当我们把一个生命带到这个世界，当我们被赋予父亲的责任时，还有什么比培育他成人更重要的呢？

说起陪伴孩子，我有很多美好的记忆。我很早加入华为，那时华为只有几百人。当时我的工作地点在其他省的办事处，远离自己的家乡，和自己的家人聚少离多。我和我太太有一个约定，无论如何都要保持与孩子的联系和连接，不能失去陪伴孩子成长的机会。我几乎每天都会和家里联系，和只有几岁的女儿通话。孩子大一些的时候，我就充分利用寒假和暑假，陪伴孩子到各地旅游。很多次春节假期，我们都是在旅游中度过的。各地的游乐园、博物馆，都是我们常去的地方。这种亲密的陪伴，增进了我们父女的感情，拓展了孩子的视野，陶冶了孩子的情操。

美国心理学家尼金·玛洛娜曾呼吁："当你早晨起来，打上领带，匆匆奔向自己为之操劳和奋斗的工作与事业时，你是否曾经认真地思考过自己对儿女所承担的义务呢？"是的，也许你是腰缠万贯的大富豪，也许你是家喻户晓的明星，也许你是日理万机的一方要员……但在所有的身份中，父亲这一身份最需要你去付出心血。

我们都知道，只有受到良好的家庭教育，孩子才会健康快乐地成长。而一旦缺乏父亲的教育，就会对孩子的成长带来不利影响。

当孩子一天天长大时，由于多数父亲对孩子的教育以激励为主，不过分约束孩子，让孩子感到自由而又充满安全感和愉悦感，这就让孩子获得了更好的发展。而当孩子开始接触社会，开始和别人交往，寻求父子、母子关系以外的亲密伙伴时，孩子也往往会把父亲当成一个参照的对象。所以，从某种意义上来说，父亲对孩子的影响力更大，孩子潜意识中很容易接受父亲对自己的影响。

父母小思：挫折，是孩子必上的一堂课

一个人在一生的发展过程中，不可能一直一帆风顺，也不可能永远倒霉、永远失败。每个人都有顺利、光彩的时候，也会有遇到挫折与失败的时候。

在这个世上，从来就没有随随便便获得成功的人，尤其是那些获得巨大成功的人士，他们往往都曾遭遇过重大的挫折。这一点，可以说古今中外都是一样的。早在2000多年前，司马迁就曾有过这样的总结："文王拘，而演《周易》；仲尼厄，而作《春秋》；屈原放逐，乃赋《离骚》；左丘失明，厥有《国语》……"可见，很多杰出的人物，往往都是因为遭遇挫折而获得了伟大的成就。

西汉时期，汉宣帝刚一继位，便颁布了一道诏令，要把祭祀汉武帝的"庙乐"进行升格。但诏令刚颁布出来，时任光禄大夫的夏侯胜就提出反对意见。一时之间，满朝哗然，夏侯胜只是一介臣子，竟然敢反对皇上的诏书，这还了得？于是，群臣马上联名给汉宣帝上了一道奏章，说夏侯胜这是"大逆不道"。同时，这些大臣还把不肯在奏章上签名的黄霸也一块儿给弹劾了，其罪名就是"不举劾"。很快，夏侯胜和黄霸便都被抓了起来，而且还被定了死罪，就等待秋后问斩了。

夏侯胜是当时的一位著名儒者，向来刚正不阿，既不阿谀逢迎，更不会向邪恶势力低头，这次他只是觉得皇上的做法有些过分，便提出自己的意见，没想到却遭此大辱，不禁心灰意冷。

再说那个黄霸，自己本来好好的，平时也不招惹谁，这一次却仅仅因为不愿意与那些人同流合污，结果落得这样的下场，可以说比夏侯胜还冤。但是，黄霸却不忧反喜，因为他一直很仰慕夏侯胜，现在他们既然被关在同一间牢房里，正好是向夏侯胜请教的机会。于是，黄霸便诚恳地向夏侯胜求教。

夏侯胜先是苦笑，然后叹着气说："唉！咱们现在已经是快死的人了，还要那么多学问干什么呢？"黄霸则劝道："孔子曾经说过：'朝闻道，夕死可矣。'我们只要活在当下，把握现在，又何必要去管那虚无缥缈的明天呢？"夏侯胜一听，觉得很有道理，于是大受鼓舞，当即便答应了黄霸的请求。从此，夏侯胜和黄霸便每天在牢房中席地而坐，一起钻研学问。夏侯胜悉心讲授，黄霸更是尽心听讲，学得津津有味，每次研读到精妙处，两人甚至还拊掌而笑。弄得那些狱吏也觉得莫名其妙，因为他们实在搞不懂，两个即将被处死的人，怎么还会如此快乐呢？

不久之后，汉宣帝大赦天下，夏侯胜和黄霸终于出狱了。但他们出狱之后，并没有像其他囚犯那样回到老家，而是受到皇帝的直接召见。夏侯胜被任命为谏议大夫，继续留在皇帝身边，而黄霸则被派到扬州去做地方长官。

由于夏侯胜为人正直，而且学识渊博，所以皇帝又派他去给太子当老师。后来，夏侯胜以90岁高龄逝世时，太后为了感谢师恩，还专门为他穿了五天素服，天下的读书人更是引以为荣。而黄霸被派到扬州当地方长官之后，更是以务实的工作态度为当地百姓做了很多实事，政绩卓著，名扬天下，后被皇帝召回来任命为丞相。

从这个故事中，我们不难看出，牢狱之灾是夏侯胜和黄霸命运的转折点。他们从过去风光无限的士大夫，一下子沦落为阶下囚，而且还是死囚犯。而这样的转折，不管对谁来说都太大了，太让人受不了了。但是，这个转折对于他们来说，又何尝不是新的起点呢？我们可以想象一下，当琅琅的读书声从那黑暗而恐怖的监牢中传出来时，那是多么令人震撼呀！

其实，在我们孩子成长的过程中，伴随他们左右的，并不仅仅是顺心顺意，还有无常和意外。而当我们的孩子面对不期而至的挫折时，能否坦然地应对，也恰恰反映了我们的教育理念是否正确。

美国首席大法官小约翰·罗伯茨，应邀参加他16岁孩子的毕业典礼并发表演讲。但他的演讲内容，并不是祝愿孩子们学业有成，一切顺利，而是祝愿他们"不幸并痛苦"。演讲内容如下：

通常，毕业典礼的演讲嘉宾都会祝你们好运并送上祝福，但我不会这样做，让我来告诉你为什么。

在未来的很多年中，我希望你被不公正地对待过，唯有如此，你才能真正懂得公正的价值。

我希望你遭受背叛，唯有如此，你才能领悟到忠诚之重要。

抱歉地说，我会祝福你时常感到孤独，唯有如此，你才不会把良朋益友视为人生中的理所当然。

我祝福你人生旅途中时常运气不佳，唯有如此，你才能意识到概率和机遇在人生中扮演的角色，进而理解你的成功并不完全是命中注定，而别人的失败也不是天经地义。

当你失败的时候，时不时地，我希望你的对手会因为你的失败而幸灾乐祸，唯有如此，才能让你意识到有风度的竞争精神之重要。

小约翰·罗伯茨的这次演讲，虽然表面上看起来言辞犀利，但他实际上是用一种特别的方式向孩子们传递着正能量。因为人生的真相，从来就不是一帆风顺，更多的时候是逆水行舟；从来就不是心想事成，更多的是事与愿违。而如何面对挫折，实际上也是强者和弱者、卓越者与平庸者的分水岭。所以，挫折并不可怕，能否正确地对待挫折，在遭遇挫折后能不能重新站起来才是关键。

事实上，失败是孩子的权利，家长应该允许孩子失败，因为失败并非一件坏事，要不然怎么说"失败是成功之母"呢？如果家长害怕孩子失败，甚至不允许孩子失败，那就剥夺了孩子从失败中思索、在痛苦中学习的机会，那样孩子或许会成为大人心目中的"好孩子"，但这样的"好孩子"，一旦遇到问题，往往就束手无策了。

在很多父母看来，孩子的想法往往是幼稚可笑的，因为他们总是想干一些几乎无法实现的事。这时，如果父母对孩子的想法加以嘲笑或阻拦，那样就会束缚了孩子的想象力，不利于孩子的个性发展，只会把孩子培养成对父母言听计从的乖孩子，完全丧失开拓进取的精神。而要想培养孩子的才干，就不要怕孩子失败，更不要怕孩子受到挫折，应鼓励孩子按自己的想法去实践，给他尝试的机会。

当孩子按自己的意愿去做一件事时，他就会竭尽全力去干好，如果成功了，当然能够增加他的信心；如果失败了，他也能够从中吸取教训，总结经验。如果家长担心孩子干不好而横加干涉，并要求孩子按家长的意愿去做，甚至越俎代庖，替孩子干，那么孩子一旦离开家长，就很难独立做事了。

总之，父母一定要给孩子面对挫折和失败的机会，让他在尝试中获得经验，并学会独立解决问题。这样既能培养孩子的责任感和自信心，也能够提高孩子的综合能力。

父母行动：给孩子一个梦想

林肯是美国历史上一位有名的总统。在林肯还很小的时候，虽然家境贫寒，但好学的他不但拥有一个聪明的大脑，而且胸怀大志。随着年龄的逐渐增长，林肯对于未来也开始有了自己的打算。当时，林肯最喜欢看的一本书是《印第安纳州修正法典》，并不止一次地向父亲说出自己的梦想："爸爸，我希望以后能够成为一名律师，我现在正往这方面发展，而且约翰·皮切尔法官也允许我到他的办公室去学习法律了。"

对于林肯的这个梦想，父亲显然是不敢想象的，于是他对林肯说："律师？我的好儿子，你有没有想清楚？你是我的儿子，而我是个移民，命中注定，你要跟我一样的。以后你只要能吃苦耐劳，成家立业是没有问题的。但要做律师？恐怕不太现实吧！"

但是，林肯的母亲萨莉却鼓励他说："孩子，如果你想做什么，就大胆去做吧！"

"可……也许爸爸说得对，我是移民的儿子，是当不了律师的……"

"那只是他自己的想法！"萨莉温和地说，"你不是读过印第安纳州的宪法吗？里面说得很对——大家都是平等的。"

母亲萨莉的话给林肯带来了极大信心。于是，他开始如饥似渴地看书，并向着自己的梦想一步一步去靠近。最终，林肯不但如愿以偿地做了律师，而且还当上了美国的第16任总统，并成为公认的美国历史上最有影响的3位总统之一。

　　其实，不仅仅是林肯，所有的孩子都有自己的梦想，包括我们自己小的时候，也都拥有梦想。只是在如何对待孩子的梦想这件事上，父母们的做法就千差万别了。比如林肯的父母，对自己孩子的梦想，就持不同的态度：父亲认为林肯的梦想不可能实现，所以劝他不要想太多；而母亲则给予极大的支持和鼓励，因为她相信每个人都拥有平等的机会。林肯最后也在母亲的支持和鼓励下，为自己的梦想全力以赴，最终不但实现了自己的梦想，而且还成为美国历史上最有影响的总统之一。

　　所以，作为父母，我们千万不要担心孩子的梦想太不靠谱，真正需要担心的是孩子没有梦想。只要孩子有梦想，不管他的这个梦想在我们看来是多么不切实际，我们都应该给予理解，然后再问孩子："那要怎样做，才能实现这个梦想呢？"或者当孩子沉迷于手机时，用他的梦想提醒他。比如，如果孩子的梦想是要当一名球星，我们就告诉孩子，球星的梦想需要到球场上去实现；如果孩子的梦想是要当一名画家，我们就告诉孩子，画家的梦想需要在画室里实现；如果孩子的梦想是要当一名科学家，我们就告诉孩子，科学家的梦想需要在实验室里实现……总之，没有一个梦想是通过玩手机实现的。

　　其实，孩子的梦想是各式各样的，与成人相比较，他们的梦想往往更加感性，也更加丰满。很多时候，他们的梦想来自于对一件事情无限度的发挥。在这个过程中，他们自由自在地遐想，不受条条框框的限制，当然也谈不上什么经验和认识。这些梦想，有的是可以实现的，有的是不可能实现的，有的表面看来似乎不可能实现，而实际上它包含着可以实现的因素，经过努力是可能达到的。所以，对于孩子的梦想，不管看起来是多么幼稚和可笑，我们都不要轻易地去打击，而是要帮助他呵护好这些梦想。

　　对于每个孩子来说，梦想有着非凡的魅力，对他们的成长更是具有巨大的牵引和激励作用。心理学家认为，孩子的梦想其实是自我的理想化。父母帮助孩子向梦想迈进，会让孩子产生强劲的内驱力，他会在困难面前变得坚强、不退缩、主动去克服，并在征服困难的过程中得到快乐。

然而，很多家长对孩子的梦想往往表现出不屑一顾的态度，有的甚至一棍子打死。比如，有的孩子对妈妈说，他长大之后要当飞行员，妈妈却撇着嘴说："就你那成绩，在飞机上当清洁工都不会有人要。"这样一来，孩子梦想的幼芽刚刚萌发，就被妈妈一脚踩死了，更让孩子丧失了做梦的勇气。如果这个妈妈能像小林肯的母亲那样去鼓励、引导，帮助孩子实现他的梦想，没准儿他长大后真会成为一名优秀的飞行员呢！

所以，孩子的任何梦想都是有价值的，因为梦想在孩子心中是最美的、最神圣的，它会激励孩子敢于想象，敢于努力。所以，不管孩子的梦想多么荒唐、多么可笑，它都是无价之宝。家长要珍惜孩子的梦想，千万不要向他们泼冷水，要引导他们把梦想描述出来，让孩子在对梦想的憧憬中，轻松而有兴趣地学到知识。更为重要的是，当孩子为自己的梦想而努力时，他根本就没有时间去玩手机，因为他对手机里的那些游戏根本没有任何兴趣，当然就更不会上瘾了。

手机：不要让我阻碍你的成长之路

虽然我身上的游戏很受人们青睐，而且从3岁到60岁都能够玩，但如果沉迷其中，那么我所发挥的作用，就会从最初的方便沟通，变成阻碍沟通。尤其是对于自控能力比较差的小朋友来说，更会因此而形成精神依赖，每天花大量的时间来玩游戏，很快就会造成思维僵化，根本就没有办法正常学习。另外，我是通过液晶屏显示，如果你长时间盯着我看，会造成视觉疲劳，以致视力下降。对成年人也是同样的道理，如果你的爸爸妈妈长时间盯着我看，也会造成眼部干涩，引起一系列不适。所以，为了你的健康成长，请一定要跟我保持适当的距离！

参考文献

[1] [美] 凯利·麦格尼格尔著. 王岑卉译. 自控力：斯坦福大学广受欢迎的心理学课程 [M]. 北京：北京联合出版公司，2021.

[2] 孙毅著. "网瘾少年"多是父母的原因造成的 [R]. 中国经济网，2021-04-01.

[3] 黄静洁著. 学习的格局：孩子自主学习的秘密 [M]. 北京：中信出版社，2020.

[4] 黄静洁著. 父母的格局 [M]. 北京：中信出版社，2020.

[5] [美] 丹尼尔·戈尔曼著. 杨春晓译. 情商（实践版）[M]. 北京：中信出版社，2018.

[6] [比利时] 米杉著. 倪男奇译. 情商魔法训练营 [M]. 江苏：译林出版社，2011.

[7] [美] 盖布·兹彻曼，乔斯琳·林德著. 应皓译. 游戏化革命：未来商业模式的驱动力 [M]. 北京：中国人民大学出版社，2014.